Classroom
management

学級経営
すきまスキル70

小学校 低学年
1〜3年

堀　　裕嗣　編著
宇野　弘恵

明治図書

まえがき

　こんにちは。堀裕嗣です。

　このたび，「学級経営すきまスキル」と称して，小学校低学年版・高学年版・中学校版を編集させていただくことになりました。みなさまがお手にお取りの本書はその１冊ということになります。

　巷には多くの学級経営の提案がはびこっております。こうすれば子どもたちを統率できる。こうすれば子どもたちのやる気が出る。こうすれば子どもたちが自主的・対話的に学ぶことができる。どれも教育界にとって大事な提案ではあります。しかし，一般の教師，特に若い先生が学級経営で躓いたり，保護者からのクレームをいただくことになったりということの要因は，多くの場合，集団統率力がなかったり，子どものやる気を起こせなかったり，アクティブ・ラーニングを機能させられなかったりというところにあるのではありません。もっと小さな，細かな，些末なことを原因として起こることが多いように感じています。そう。ベテラン教師であれば誰でも知っているような些末な技術を知らないことによって……。

　本書はそうした学級経営の「すきまスキル」を集めたものです。遅刻しがちな子どもにどう指導するかとか，清掃指導でほうきのかけ方をどう指導するかとか，教室にはどんな文房具を揃えておけば良いのかとか，ほんとうに些末な技術です。しかしそれは，些末であるが故に誰もが知っ

ているべきことであり，知っていなければ非常識と言われかねない技術でもあります。それをまるごと紹介してしまおう。それが本書の基本コンセプトです。

　ただし，私どもも少しだけ考えました。時代はアクティブ・ラーニング時代。そして，インクルーシブ時代です。些末な指導における些末な技術だとしても，そこには教師主導で子どもたちを効率よく指導していくだけではなく，子どもたちがより学びやすく，子どもたちがより学校生活を過ごしやすくする視点も必要なのではないか。そう考えたわけです。

　本書はこうした視点に立って，学級経営の「すきま」に必要な些末なスキルについて，効率的に子どもたちを指導するタイプの技術と，子どものやる気を高めたり子どもたちに過ごしやすさを提供したりといった技術とを分けて考えることにしました。それが，本書で言うところの「ハード」と「ソフト」です。

　「ハード」は子どもたちを指導すること，「ソフト」は子どもたちを援助することと捉えていただいても構いませんし，「ハード」は子どもたちを効率的に動かすための技術，「ソフト」は子どもたちに寄り添いながら見守っていく技術と捉えていただいても構いません。いずれにしても，この２視点が必要なのだということが，私たちの提案なのだと捉えていただければ幸いです。

　本書が読者のみなさまの日々の学級経営に少しでも役立つなら，それは望外の幸甚です。　　　　　　　　堀　　裕嗣

contents

まえがき　2

第1章　基礎・基本を身につける！　日常スキル30

【本書の構成】

本書はそれぞれのテーマについて，

ハード編：子どもたちを指導すること，子どもたちを効率的に動かすための技術

ソフト編：子どもたちを援助すること，子どもたちに寄り添いながら見守っていく技術

という形で，２つのポイントとなる視点から分けてまとめています。

あわせて読んでいただき，ご活用いただければ幸いです。

1　ベル着席／ハード編 …………8
2　ベル着席／ソフト編 …………10
3　始業までの準備／ハード編 ……12
4　始業までの準備／ソフト編 ……14
5　遅刻・連絡なし欠席／ハード編 …16
6　遅刻・連絡なし欠席／ソフト編 …18
7　朝読書・朝学習／ハード編 ……20
8　朝読書・朝学習／ソフト編 ……22
9　朝の挨拶・返事／ハード編 ……24
10　朝の挨拶・返事／ソフト編 ……26
11　プリント配付／ハード編 ………28
12　プリント配付／ソフト編 ………30
13　提出物回収／ハード編 …………32
14　提出物回収／ソフト編 …………34
15　連絡事項／ハード編 ……………36

contents

- 16 連絡事項／ソフト編 ……… 38
- 17 忘れ物／ハード編 ……… 40
- 18 忘れ物／ソフト編 ……… 42
- 19 落とし物／ハード編 ……… 44
- 20 落とし物／ソフト編 ……… 46
- 21 欠席者への対応／ハード編 … 48
- 22 欠席者への対応／ソフト編 … 50
- 23 連絡帳／ハード編 ……… 52
- 24 連絡帳／ソフト編 ……… 54
- 25 朝の会・帰りの会／ハード編 … 56
- 26 朝の会・帰りの会／ソフト編 … 58
- 27 机の整理整頓／ハード編 ……… 60
- 28 机の整理整頓／ソフト編 ……… 62
- 29 学級通信／ハード編 ……… 64
- 30 学級通信／ソフト編 ……… 66

第2章 学級がうまくまわる！ 係活動・当番スキル28

- 1 学級目標／ハード編 ……… 70
- 2 学級目標／ソフト編 ……… 72
- 3 係組織づくり／ハード編 ……… 74
- 4 係組織づくり／ソフト編 ……… 76
- 5 生活当番／ハード編 ……… 78
- 6 生活当番／ソフト編 ……… 80
- 7 日直／ハード編 ……… 82
- 8 日直／ソフト編 ……… 84
- 9 給食当番／ハード編 ……… 86
- 10 給食当番／ソフト編 ……… 88
- 11 給食準備／ハード編 ……… 90
- 12 給食準備／ソフト編 ……… 92
- 13 食べ方指導／ハード編 ……… 94

| ⑭ | 食べ方指導／ソフト編 ……… 96
| ⑮ | 給食のおかわり／ハード編 …… 98
| ⑯ | 給食のおかわり／ソフト編 … 100
| ⑰ | 偏食・アレルギー／ハード編 … 102
| ⑱ | 偏食・アレルギー／ソフト編 … 104
| ⑲ | 後片付け／ハード編 ………… 106
| ⑳ | 後片付け／ソフト編 ………… 108
| ㉑ | 清掃当番／ハード編 ………… 110
| ㉒ | 清掃当番／ソフト編 ………… 112
| ㉓ | ほうきの使い方／ハード編 … 114
| ㉔ | ほうきの使い方／ソフト編 … 116
| ㉕ | 雑巾がけ／ハード編 ………… 118
| ㉖ | 雑巾がけ／ソフト編 ………… 120
| ㉗ | さぼる子，遊ぶ子／ハード編 … 122
| ㉘ | さぼる子，遊ぶ子／ソフト編 … 124

第3章 安心と興味を生む！ 教室環境スキル12

| ① | 教室に置く文房具／ハード編 … 128
| ② | 教室に置く文房具／ソフト編 … 130
| ③ | 教室に置く便利グッズ／ハード編 … 132
| ④ | 教室に置く便利グッズ／ソフト編 … 134
| ⑤ | 掲示物／ハード編 …………… 136
| ⑥ | 掲示物／ソフト編 …………… 138
| ⑦ | 棚の使い方／ハード編 ……… 140
| ⑧ | 棚の使い方／ソフト編 ……… 142
| ⑨ | 学級文庫／ハード編 ………… 144
| ⑩ | 学級文庫／ソフト編 ………… 146
| ⑪ | 風邪流行対策／ハード編 …… 148
| ⑫ | 風邪流行対策／ソフト編 …… 150

あとがき　152

基礎・基本を身につける!
日常スキル30

第1章●基礎・基本を身につける！ 日常スキル30

ベル着席

　学校のベル（チャイム）は，学習活動を時間通りに始めたり終えたりするためのものです。子どもたちが一日の生活リズムを意識する手立てとしても機能します。

ベル着席はなぜ必要か

　そのベルを合図に着席する「ベル着席」は，スムーズに授業をスタートさせることを可能にします。集団生活を安定させる上からも，確実に習慣づけることが大切です。

傾向と対策

1 『時間』を意識する

　"ベル着席を守ること"の本質は"時間を守ること"です。よって，時計を見ながら行動することの大切さを教えます。また，始業の時刻になってから席に向かうようでは，遅いことを伝えます。低学年，特に新１年生の場合，まだ時計の針を正しく読めない子もいます。長休みの後など予鈴が鳴らない場合は，授業開始時刻の５分もしくは３分前のものを見える化し，教室の一番目立つ場所に掲示しましょう。教室以外の場所でも時計を見ながら行動するよう繰り返し指導します。

第1章 基礎・基本を身につける！ 日常スキル30

1年生であれば，5分前『長い針が7のとき』に行動を起こすことを2時間目終了時に全体へ確認します。算数セットの時計を使えば，手軽に画像を用意できます。

2 『次の行動』を意識する

　朝の会では，今日一日の学習や行動の流れを確認します。一日全体の見通しをもたせます。そして，次の授業時間の準備を整えてから休み時間に入ることの大切さを伝えます。次の教科によっては，学習場所が移動することもあります。持ち物が増えることもあります。余裕をもって次の行動に移せるよう声をかけたり準備をさせたりすることが，時間を守る意識へとつながります。

3 『相手』を意識する

　ベル着席が守られないと，大切な学習時間が確保できないこと・自分だけでなく相手や仲間の時間もムダにすることを教えます。新1年生の場合，趣意説明を長々と伝えても逆効果なことがあります。屁理屈を相手にせず，「時間を守ることは，素敵な小学生の第一歩です」「時間が守られると，先生もみんなもうれしいです」と言いきります。簡明の原則です。集団生活においては，相手のことを考えて行動する大切さを意識させます。

（鹿野　哲子）

第1章●基礎・基本を身につける！ 日常スキル30
ベル着席

しかしながら教えたからといって，すぐには身につかないのが現実です。まずは，教師自身が「ベルの前に教室に入る→着席を見届ける→ベルと同時に授業を始め，終える」この流れを徹底して守ることが大切です。

守られない理由

ベル着席が守られない理由は，主に2つあります。
（1）休み時間の楽しさからの切り替えができない。
（2）わかっているのに自分くらい遅れてもいいだろうという甘えをもつ。

支援や配慮が必要なお子さんもいるでしょう。学級の実態から課題点を洗い出し，対策を講じる必要があります。

傾向と対策

1 『知的好奇心』をくすぐる

遅れて来た子どもに対して授業の冒頭，長々と説教することは無意味です。効果もありません。切り替えができない子に対しては，休み時間以上の楽しさを授業に見出させる必要があります。導入において知的好奇心をくすぐる学習活動をしかけると，それに参加したくてベルに間に合うよう戻ってきたり席に着こうとしたりする子が出てきます。

第1章 基礎・基本を身につける！ 日常スキル30

ベルが鳴り終わったと同時に，学習ゲーム・読み聞かせ・音読・フラッシュカード・ミニテストスタートなどの工夫です。時には，楽しいだけでなく"物音一つしない静かな時間と空間"をしかけることもあります。遅れて来た子は，バツの悪そうな顔をして席に着きます。

2 『仲間意識』をくすぐる

甘えをもつ子には子ども同士のつながりで着席に向かわせます。

①**班対抗作戦**：ベルが鳴り終わった瞬間「3班は全員席に着いていますね。立派！合格！」と褒めます。すると，班の仲間で声をかけ合うようになります。

②**1分間タイマー作戦**：ベルと同時にスタートさせ，1分後「今，席に着いている人はクリアです。"クラス de 全クリ"はできるかな？」と声をかけます。さらに，支援を要する友達に対して優しく声をかける・手をつなぐ・背中をそっと押して促す等相手に寄り添いながら着席できた子には感謝の気持ちを伝え，学級全体の意識を高めていきます。

（鹿野　哲子）

第1章●基礎・基本を身につける！ 日常スキル30

始業までの準備

　始業までの間に子どもたちがやらなければならないことはたくさんあります。これらのことを指示がなくとも自分の力で行えるようになることが大切です。

低学年にとっての難しさ

　たくさんのことを一度に覚えて行動するのは低学年にとってとても難しいことです。そこで，自分で確認できるシステムを作り，一人でも確実に取り組めるようにします。

傾向と対策

1 流れを見える化する

　初期指導においては，学校に到着してからしなければならないことを，1項目ずつラミネートカードにして黒板に掲示します。日によって順番が違ったり他の項目が入ったりすることもあるので，カード1枚に1項目とします。子どもたちは，登校したらこれを見ながら自分で準備をします。

　一度にたくさんのことを覚えるのが難しい低学年の子どもでも，目で見て確認することで，一つ一つ確認しながら確実に自分で準備することができます。

第1章 基礎・基本を身につける！ 日常スキル30

2 提出物を出してからしまわせる

　時々，きちんと準備できているにもかかわらず忘れ物をしたと思い込んでしまう子がいます。原因の一つとして，自分が持ってきたものを正確に把握していないことが考えられます。まず，かばんの中身をすべて机上に置かせます。黒板の掲示物を見ながら提出物を出させたあと，残った物を机の中にしまわせます。

　こうすることで自分の持ち物を把握することができ，見落としを防ぐことができます。

3 上着を確実にかける

　脱いだ上着がだらしなくぶら下がっていたり，床に落ちたりしているのは見た目に良くなく，衛生的でもありません。確実にかけさせるためには，フードや襟ではなく必ず掛け紐をフックにかけるように指導します。服に掛け紐が付いているかどうかを確認し，ない場合は家庭で付けていただけるようお願いします。また，ハンガーを使う場合は，必ず前を留め，ハンガーからずり落ちないよう指導します。

（新川　宏子）

第1章●基礎・基本を身につける! 日常スキル30

始業までの準備

始業までの準備において大切なことは、どの子もチャイムが鳴るまでに確実に準備を済ませ、落ち着いた状態で着席できているということです。

時間差に応じる対応策

どんなにシステムを整えても、早い子と遅い子の時間差は必ず生じます。この時間差への対応策を考え、どの子も落ち着いた状態で待つことができるようにします。

傾向と対策

1 友だちから刺激を受ける

動作が遅い子は、どんなに急かしても行動は変化しません。その子にとって自分の速さがすべてだからです。そこで、早くできた子には、まだできていない子のそばでアドバイスや手助けをさせます。早い子には人の役に立つことでさらに自分を成長させるという視点で取り組ませ、遅い子にはどうしたら一人でも時間内にできるようになるのかという意識で取り組ませます。友だちとの関わりの中で、早くできることの良さを感じ、自分なりにどこをどうしたら今よりも早くなるのか対応策を考えさせます。

第1章　基礎・基本を身につける！　日常スキル30

② 自分を客観視する

　担任の目がないと，いつも通りに活動しない子もいます。そんなときは，終わった子から順にネームプレートを黒板に貼って着席させます。チャイム5分前を締め切りとし，それまでにできてない子は準備を最優先させ，終わったら着席します。

　また，かかった時間によって「スーパー1年生」「よくいる1年生」「がんばれ1年生」などのキャラクターを作り，自分はどこに当てはまるか自己評価させます。自分の行動を客観的に認識させることで，意欲的な活動を促します。

③ 終わった後の指示を明確にする

　早く終わった子が手持ち無沙汰になってしまわないよう，席に座った後に何をするのかを明確にしておくことが大切です。

　読書，お絵かき，折り紙など複数のものを用意します。内容は，子どもが楽しんでできるものであることが大切です。いくつかの選択肢があることで，実態やその日の気分に合わせて選ぶことができ，飽きずに取り組ませることができます。さらに，教室内の静かさを保つためにも，必ず一人でできることという条件で活動内容を考えることも大切です。

（新川　宏子）

第1章●基礎・基本を身につける！ 日常スキル30

遅刻・連絡なし欠席

家庭生活が夜型のため遅刻を繰り返していると，保護者は学校への連絡が面倒になってきます。あるいは学校を休む理由が明確でないとき，欠席の理由をどのように伝えたらよいのか悩んでしまいます。このような気持ちが大きくなると，連絡がない欠席へとつながっていきます。

居場所の確認と情報の分かち合いを優先に

寝坊などによる遅刻や連絡のない欠席の場合，担任はすぐに保護者に連絡をとります。そして全教職員が遅刻や欠席の理由を把握できるように情報を分かち合います。

傾向と対策

1 保護者に直接連絡をする

遅刻の場合や連絡のない欠席の場合，保護者にすぐに連絡をとり，子どもの居場所と様子を確認します。

保護者への連絡は，登校時刻を過ぎたら，すぐに行うことが大切です。遅刻を繰り返している場合は，保護者も学校への連絡が面倒だと感じているので，意図的に連絡をしないことも考えられます。しかし，連絡がないことを責めずに，お子さんの登校を待っていること，慌てないで登校させてほしいことをお願いします。

第1章　基礎・基本を身につける！　日常スキル30

　子どもが学校に着いたら，保護者に連絡することも忘れずに行いましょう。

　体調不良など欠席の理由が明確な場合は，医療機関の受診をすすめ，結果を教えていただくようにお願いします。

　欠席の理由が明確でない場合は，

・学校で具合が悪くなれば，保健室で様子を見ることができる。

・受診が必要であれば家庭に連絡を入れることができる。

・家庭で様子を見て元気になったら登校させてほしい。

ことを伝えます。

　そして安心して登校できるように，保護者が自宅にいる時間を見計らって，持ち物や次の日の予定を連絡します。

２　情報を分かち合う

　遅刻・欠席の理由を全教職員が把握できるようにしておきます。

　例えば，遅刻・欠席者の名前と理由を書く黒板に記入するとか，健康観察表に理由を記入しておき，同じ学年の担任，養護教諭，管理職に知らせるなど，様々な手立てがあるでしょう。

　このように全教職員が情報を把握できるようにしておくことは，子どものわずかな変化を見逃すことなく，適切な対応を考え実行することへとつながります。

（梅田　悦子）

第1章●基礎・基本を身につける！ 日常スキル30

6 遅刻・連絡なし欠席 ソフト編

　遅刻や連絡なし欠席の多くは，保護者が遅刻を繰り返すことに対して心苦しく思うことと，学校での子どもの様子に対して関心が低いことが考えられます。

保護者と学校が一緒に行動する

　遅刻や連絡なし欠席は，保護者と連携をとりながら解決に向かいたいものです。

　教師は保護者に連絡を入れる際，「わが子のよさをしっかり見てくれている」と感じさせて子どもの生活に関心が向くようにすること，「わが子のことを心配してくれている」と感じさせて「一緒に行動しよう」と思えるようにすることが大切です。

傾向と対策

1 日頃からプラスの情報を伝える

　わが子が学校でどのような生活をしているのか関心が低い保護者へは，小さな変化を見逃さず，その子の成長を保護者に伝え続けていきます。

　一筆箋や電話を活用し，端的に伝えることがポイントです。

・「〇〇さんは，生活科の学習を頑張っていますよ。観察

第1章 基礎・基本を身につける！日常スキル30

の結果からなぜそうなるのか理由を考え，ノートにまとめていますよ」

・「この前の掃除の時間，○○君が1年生にほうきの使い方をわかりやすく教えていましたよ」

　子どもが学校で頑張っている姿を伝え続けることは，保護者に「担任の先生はわが子のことを気にかけてくれている」というメッセージを伝えていることになります。

2 困っているのは子どもであることを伝える

　保護者に「遅刻が多くて困ります」と伝えたり，「欠席の連絡をしてくれないと困ります」という伝え方は，教師が困っていることを伝えているだけです。これでは，「先生は自分の都合のために文句を言ってくる」と捉えられかねません。遅刻や欠席をすることで困っているのは子どもなのです。

　遅刻の場合は，遅刻をすることで子どもが困っていると思われることを保護者に伝えます。そして，学習への理解も含め学校でも対応を工夫したいと考えていることを伝えます。その上で，家庭で何か気になることや心配なことがないかを尋ねます。

　連絡のない欠席の場合，欠席の理由が曖昧な場合や理由が変わる場合は家庭訪問を行い「心配しているよ，待っているよ」という気持ちを伝えます。

　このような対応を続けることが，保護者に「学校と一緒に対応していこう」という気持ちをもっていただくことにつながるのです。

（梅田　悦子）

第1章●基礎・基本を身につける！ 日常スキル30

朝読書・朝学習

　朝読書・朝学習は，読書量の増加・基礎学力の定着を主な目的とした取組です。この本来の目的とは別に，落ち着いた時間を過ごし授業に集中して臨む準備ができるといった効果もあります。この効果を十分に発揮させるためには，子どもたちに活動の見通しをもたせて取組を進めていくことが大切です。

具体的なイメージをもたせる工夫

　言葉だけで取り組み方を理解することは，低学年の子どもたちにとって難しいことです。手本を見せたり手順を可視化したりして，具体的なイメージをもたせていくことが必要となります。

傾向と対策

1 「何を」を具体的にイメージさせる

　まずこの時間で「何をするのか」を明らかにし，必要なものを開始時刻までに準備をしておくことを伝えます。朝読書であれば読む本が必要です。図書室や学級文庫を利用して本を用意させます。読み終えてしまったときすぐ本を替えて読めるように，次に読みたい本も用意させておくと良いです。

朝学習では，学習課題が必要です。事前にプリントやドリル等の用意をしておきます。さらに早く終えたときには，何をするのか明確にしておくと良いです。次のプリントに取り組むのか読書をするのかを決めておきます。

　朝読書・朝学習の開始時刻には，机上に本や課題を準備させておくとよりスムーズに始めることができます。

2　「どのように」を具体的にイメージさせる

　「静かに読む」という約束でも，小さな声でならお喋りしても良いと思う子がいるかもしれません。上級生が「静か」に取り組む姿を見学させたり，何秒間かお話をしないで「静か」をつくる練習をさせたりすると効果的です。また，一人で読むときに微音読をする場合は「2つ隣の子に聞こえないくらいの声で読む」，読み聞かせのときは「声を出しても良い」などのように，具体的にイメージさせていきます。

3　朝読書・朝学習の行い方を可視化する

　朝読書・朝学習の行い方をはじめからすべて覚えておくことは大変です。子どもたちと確認したことを黒板に掲示し，目で見て確認できるようにしておきます。活動がスムーズに行われるようになるまで掲示します。（小野　雅代）

第1章●基礎・基本を身につける！ 日常スキル30

朝読書・朝学習 （ソフト編）

　朝読書・朝学習の時間は，授業時間よりも短く設定されています。集中の持続時間が短い低学年にとっては取り組みやすい時間設定です。

やる気を引き出す工夫と支援

　反面，朝一番の活動であるため，やる気が出なかったりうまく集中できなかったりすることが考えられます。意欲的に取り組める課題を用意しスムーズに活動できるように工夫します。

傾向と対策

1 意欲的に取り組める課題を用意する

①四則計算の基礎プリント

　何秒でできるか，あるいは時間内に何問解くことができるかにチャレンジさせます。1桁同士のたし算20問や81題のかけ算をランダムに配したものなど「みんなができる」「毎日行うことで成長が見える」ものを用意します。タイムや解けた問題数を書く欄を設けます。一定期間続けて行うと毎日の変化が実感でき，意欲向上につながります。

②漢字のミニテスト

　スケッチブックの表に漢字，裏に読み方を書き，1枚ず

つめくりながら音読したりミニテストに活用したりします。テスト範囲の漢字プリントを宿題に出しておくとより意欲的に取り組めます。宿題５問の中から３問ずつ出題すると負担なく行うことができます。

③塗り絵や迷路

　塗り絵や迷路なども集中して取り組めるアイテムです。はみ出さずに丁寧に濃く塗るように指導します。

④読書カード

　読んだ本の題名をカードに書かせて掲示します。読むたびにカードが増えることを楽しみにして読書を続けることができます。余裕があれば，著者や簡単な感想を書く欄を設けても良いでしょう。

2 朝読書・朝学習をプログラムする

　朝学習の時間は「初めの３分間は計算，次は漢字」というように，いくつかの活動を組み合わせてプログラムします。毎回同じ課題から始めるとスムーズに取り組むことができます。あるいは「月曜日は計算と漢字」「火曜日は計算と学習プリント」というように，曜日ごとに課題を固定します。プログラムを教室内に掲示しておき子どもも確認できるようにすると，担任が急遽不在の場合でも自分たちで進んで準備することができます。

　朝読書では，事前に本選びができるようにします。例えば，金曜日の放課後や休み時間の一部を本選びの時間に設定するなどしてルーティン化を図ります。

（小野　雅代）

9 朝の挨拶・返事

第1章●基礎・基本を身につける！ 日常スキル30

ハード編

挨拶や返事は，コミュニケーションの一歩として重要です。元気な挨拶や返事は心地よいものですが，声が大きければ良いというわけではありません。

挨拶・返事指導のポイント

挨拶・返事指導には，声の大きさ，目線・表情，タイミング，言い方・仕草といったポイントがあります。低学年では，この型をきちんと指導していくことが大切です。

傾向と対策

1 全体指導で正しい型を教える

初対面の人との挨拶や授業中の返事は，正しい型で行うことが望ましいです。それがしっかりとできるように，低学年では丁寧に教えていく必要があります。

○**声の大きさ**：「相手に届く」「伝わる」ことが肝要です。大きすぎも小さすぎも良くありません。丁度よさを実感させるには，適さない声の大きさでやってみせることが効果的です。

○**目線・表情**：笑顔で相手と目を合わせることが大切です。相手と目を合わせることに照れや恥ずかしさを感じる子もいるので，毎日継続して抵抗感を減らしていけると良

いです。例えば，朝の会の挨拶の時間に友達と対面して挨拶する場面を設定し，毎日相手を替えて行っていくことは，とても効果的です。

○**タイミング**：挨拶であれば自分から先に言うこと，返事であればすぐに反応して答えることがポイント。返事に間があくと，伝わる意味合いが変わります。

○**言い方・仕草**：返事の言い方とお辞儀に気をつけます。返事の反応同様，言い方次第で意味が変わります。短く端的に返事をさせるようにします。お辞儀は，挨拶のときであれば，礼の角度15度程度の会釈をするように指導します。頭だけ垂れるような礼が多いので，きちんと背筋を伸ばして，腰から上体を曲げるように指導します。

2 時・所・場面による違いを教える

挨拶の言葉は，時刻によって変わります。学校では，1つの目安として，2時間目終了までを「おはよう」，それ以後を「こんにちは」として指導し，廊下等ですれ違う先生方にも挨拶ができるようにしていきます。

職員室の入室時には「失礼します」と言い，退室時には「失礼しました」と言うことを指導します。あわせて，荷物や帽子等を置いてから入室することも指導します。

行事等では，礼の角度30度程度の敬礼をするように指導します。会釈よりも相手への敬意が深いという意味も伝えます。立位や座位の形式もあるので，会釈とあわせて日常的に指導をしていくことが効果的です。

（太田　充紀）

第1章●基礎・基本を身につける! 日常スキル30

10 朝の挨拶・返事 ソフト編

　時が経つにつれ,挨拶も返事もマンネリ化してきます。また,行事等があると,気持ちが落ち着かなくなり,おろそかになってくる場面も見られるようになります。

☝ 当たり前を打開するために

　挨拶・返事を当たり前に行い続けることは,とても難しいことです。少しの遊び心で挨拶・返事に楽しさを感じさせて,やる気をアップさせてみましょう。そのとき,礼儀正しい挨拶も相手に合わせて使い分けることを確認しておきます。

📖 傾向と対策

1 挨拶の言葉の後にも交流をもたせる

　海外では,挨拶に加えて,ハグやキス等のスキンシップを行う文化をもつ国々があります。挨拶のマンネリ化が出てきた頃は,少しずつ学級内の関係性も深まってきているので,これを取り入れて,挨拶後の一瞬でできるスキンシップを子どもたちに考えさせます。

　例えば,「おはようございます」とお互いに言ったら「ハイタッチ」をするというようなことです。また,「お笑い芸人の一発芸」をし合うこと,「合い言葉」を言うこと

なども効果的です。誰でもできて、全員が楽しめるということがポイントです。

2 相手に合わせた「返事＋α」をする

　名前を呼ばれたときの「はい」という返事以外に、頼まれごとや意見を求められるといった場面にも、即座に返事をすることが必要です。このような「相手に合わせた返事」をする機会を日常的に増やすために、「はい」の後にひと言を付け足させるようにします。

　例えば、友達に名前を呼ばれたら、「はい、〇〇君」や「はい、班長」と返すということです。さらに広げて、「これをちょっと持っててくれる？」と頼まれたら、「はい、任せとけ」といった「返事＋ひと言」になると楽しさが倍増します。

　日常で交わされるようになった「良い返事＋α」は、どんどん拾って、学級のみんなに紹介していきます。子どもたちの間に文化として広がり、楽しむようになります。その中で子どもたちは、名前を呼ばれたときの返事だけではなく、日常会話での返事に対しても、より意識できるようになっていきます。

（太田　充紀）

第1章●基礎・基本を身につける！ 日常スキル30

プリント配布

　毎日配られるたくさんのプリント。子どもたちは，何についてのプリントなのかがわかっているのでしょうか。

　全員に提出を求めるものや必ずその日のうちに保護者に見せてほしいものについては，子ども自身にも内容を把握させておかなければなりません。

プリントの種類

　把握させる上での視点は２つあります。「自分用」か「保護者用」かということです。前者は宿題や学習プリントが主ですが，後者は多岐にわたります。学校からの案内文やアンケート，地域や各種団体からの広告など，様々です。さらに，長子にのみ配られるプリントもあり，ただ配るだけでは，混乱が生じてしまいます。

傾向と対策

1 分けて配る

　例えば，はじめに「保護者用」を配り，次に「自分用」を配ります。どちらが先でも良いのですが，いつも同じ順に配るのが良いでしょう。

2 分けて入れさせる

　ファイルは「保護者用」と「自分用」を分けて入れられ

るものがおすすめです。さらにおすすめなのは見開きのもの。確かめながら入れたり出したりすることができます。

3 長子用のプリントは最後に配る

長子にのみ（各家庭1枚）配られるプリントがあります。入学したばかりの1年生には，そのことを理解したり，自分が長子であると自覚したりすることは難しいことです。

全員対象ではないプリントを，長子にのみ確実に渡すために，2つの方法をおすすめします。

①長子の机にはシールを貼る

長子の机の角などに小さなドットシールを貼ります。これを長子の印とします。自分が長子であるとわかるとともに，周りの友達もわかるので，とても便利です。

②長子の呼び方を決める

例えば，家庭数のことをP戸数と呼ぶなら「Pちゃん」と呼ぶのも良いでしょう。そのときは「Pちゃん手を挙げて♪」などと注目させてから配るようにします。

（福川　洋枝）

第1章●基礎・基本を身につける！ 日常スキル30

プリント配布

放課後，「宿題のプリントがありません」「時間割をもらっていませんでした」という連絡が来ることがあります。なぜこのようなことが起きてしまうのでしょうか。

配り漏れの原因

全員配布のプリントは列ずつ配ることが多いでしょう。低学年では，教師が先頭の子に人数分を渡し，後ろへ渡してもらう方法をよく用いますが，ただ配るだけでは，渡し忘れやもらい忘れが発生してしまいます。

傾向と対策

1 配る前に説明し黒板へ

配る前にプリントを見せて，どんな内容のプリントか説明します。配り終えたら予備の1枚を黒板に貼ります。子どもが自分で見て確かめることができるようにするのです。

2 子ども同士の相手意識を育てる

後ろも見ずに机に置く。そんな姿を見かけることがあります。それ故，もらった子が気付いていなかったり，プリントが落ちてしまったりすることも。「必ず相手に渡しましょう！」と声をかけても，なかなか定着しないものです。

そこで大切にしたいのが相手意識です。「はいどうぞ」

第1章　基礎・基本を身につける！　日常スキル30

と言って手渡し、「ありがとう」と感謝を伝えて受け取る。一言添える習慣を徹底するだけで、相手意識が高まります。さらに、「はいどうぞ」「ありがとう」の言葉を交わすその場には、あたたかい空気が流れ子ども同士のつながりが生まれます。このことが、渡し忘れともらい忘れを防ぐことにもつながるのです。

③　一番後ろまで行き渡った時の合図を決める

一番後ろの子が受け取っていれば、その列の子は全員受け取ったことになります。そこで、一番後ろにプリントが届いたら「○○来ました」と言うようにします。一つ一つ確認するのがコツです。

例えば「時間割来ました」「給食だより来ました」などです。さらに、手を挙げながら言うようにすると、教師も確認しやすくなります。

（福川　洋枝）

第1章●基礎・基本を身につける！ 日常スキル30

提出物回収

提出物の回収は毎日のようにあります。提出物にはそれぞれに締め切り日が設定されていますので，期日に遅れないように確実に回収していくことが大切です。

提出物を期限までに提出する

いくら「明日必ず持ってきてね」と声をかけても，全員分揃わないことがあります。単なる「忘れ」ではなく，どの提出物なのか，締め切り日はいつなのかがわかっていないのかもしれません。提出物を確実に回収するためには，子どもたち自身にも提出物の内容や締め切り日を把握させ，期限までに提出するという意識を育んでいくことが必要です。

傾向と対策

1 事前に配付物の説明をして印を付けさせる

提出物の回収を確実に行う鍵は，プリントを配布するときの一工夫にあります。

提出が必要な配付物の多くは，保護者向けに書かれています。ですから，子どもたちには何のプリントなのかがわかりにくいのです。

そこで，1種類配付するたびに「これは，親子スポーツ

第1章 基礎・基本を身につける！ 日常スキル30

デーの参加申し込みです。『お』と書きましょう」と言って赤鉛筆で「お」と書かせます。「○月○日までにお家の人に書いてもらって学校に持ってきてください。○月○日を見つけたら赤鉛筆で囲みます」と言って黒板にも「お ○月○日」と書きます。最後に隣の子と正しく書けているかお互いにチェックをさせ、全員が確実に書けるようにします。これは保護者の方にも提出物を意識していただくのに有効です。このような指導をすることを事前にお伝えし、印のあるものは確実に目を通していただけるようにお願いしておきます。

2 締め切り日をいつでも確認できるようにする

それに加えて、帰りの学活で翌日の提出物の連絡をします。他のものと違って、締め切り日のあるものは担任が確実に伝えなくてはなりません。回収するものが多いと期日を覚えておくのは大変です。そこで、締め切り日をホワイトボードに書いておき、誰でも、いつでも、すぐに確認できるようにしておきます。子どもも担任も期限を守る意識を高めることが、確実な提出物の回収につながっていくのです。

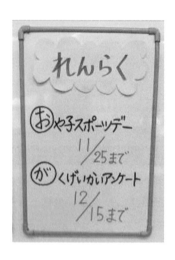

（小野　雅代）

提出物回収／ハード編

第1章●基礎・基本を身につける! 日常スキル30

提出物回収

 提出物の回収は,その種類によって回収方法を変えるとより効率的になります。どの提出物をどのように回収するのかを見極めて回収していくことが求められます。

提出物の種類

 提出物には,以下の種類があります。
①健康調査といった個人情報に関するもの
②保護者の署名捺印を要するもの
③宿題や課題,ノートなどの学習に関するもの
 ①と②は担任が直接集めます。③はそれぞれに提出させ回収することが可能です。これらの提出物は,ちょっとした工夫をすることで,より効率的に回収することができるようになります。

傾向と対策

1 出席番号順に回収する

 ①と②の提出物は,提出者・未提出者を確認するための名簿チェックが欠かせません。早く回収するには,持ってきた順に出させ,後からチェックをするのが一番楽です。しかし,そうすると未提出者にすぐに声をかけることができません。そこで「持ってきている人は出席番号順に出し

第1章 基礎・基本を身につける！ 日常スキル30

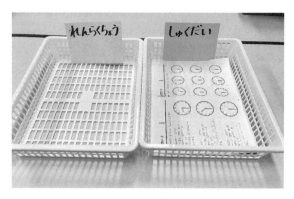

てください」と言って集め，名簿の上から順にチェックをしていきます。回収と同時に提出者のチェックも終わらせることができるのです。回収時間は少しかかりますが，未提出者への指導へつなげるにはこちらの方が効率的です。

2 朝の準備の中で回収する

③の提出を朝の準備の流れの中に組み込んでおき，それぞれに提出させます。そうすると，自分から提出する習慣につながりますし，朝のうちに回収することもできます。

ただ提出させてしまえば，何をどこに出したらよいのかわかりません。混乱を防ぐために，回収かごを準備しておきます。毎日のように提出するものは，かごに「しゅくだい」「れんらくちょう」と明記しておきます。また，残ったプリントを先に入れておくことも有効です。こうすると，子どもたちは自分で確認をしながら提出するようになります。このように，自分で提出する経験を積み重ね，担任の助けがなくとも確実に提出できるようになるのです。

（小野　雅代）

第1章●基礎・基本を身につける！ 日常スキル30

連絡事項

連絡は「伝えて終わり」ではありません。全体に向けた連絡にせよ，個別の連絡にせよ，

・伝えた内容を理解したか

・どのような行動をとればよいのか

・どうしたら完了するのか

といった「連絡を聞いた後の行動完了」までを視野に入れる必要があります。

なぜ連絡した通りに行動できないのか

連絡した通りに行動できないのは，まずは100％担任の責任と考えましょう。「伝える―聞いて理解する―記憶して行動する―行動完了の判断をする」という一連の行動のどこかで躓いていると捉え，その躓きを解消します。

傾向と対策

1 一時一事を徹底し，確認する

一度にたくさんのことを伝えられても内容を覚えきれません。また，とるべき行動が複雑になってしまいます。宿題プリントを集めるという簡単な作業でも，次のように一時一事と確認を徹底します。「宿題ファイルを机の上に出します」「算数の宿題プリントをはずします」「何番です

か？ ―そうですね，27番でした」「名前は書いてありますか？　自分で確かめます」「次に隣の人の名前が書いてあるかのぞいてください」「列の一番後ろの人，起立」「集めてください。どうぞ」。この間も子どもの動きをよく観察して，フォローしなければならない子がいないか確認します。

2 直前に短く伝える

　こんな場面を想像してみましょう。下校指導にあたった先生から，朝の打ち合わせで「下校途中の子どもが歩道いっぱいに広がって歩く」と伝えられたとします。それを朝の会で子どもたちに伝えても効果は薄いでしょう。一日の生活の中で半数以上の子どもが忘れてしまいます。下校途中の連絡は帰りの会で全体に伝え，玄関先まで見送るならば，靴を履きかえている最中に個別に声をかけます。低学年の場合，「連絡は鮮度が命」です。

（藤原　友和）

第1章●基礎・基本を身につける！ 日常スキル30

連絡事項

ソフト編

　連絡を受けた後に，自分のとるべき行動を最後まで具体的に想像することや，連絡事項を必要に応じて取捨選択しながら聞き，忘れそうならメモをとること。—こうした技能は，意図的に育てていかなければ身につけさせることはできません。また，一度指導したからといってすぐにできるようにはなりません。時間はかかっても着実にできるようになっていく様子を見守りましょう。

どこに困難さを感じるか

　話の聞き取りが苦手な子どもがいます。耳で聞くよりも目で見た方が得意というタイプです。また，連絡事項を黒板に書いておいてもそもそも字が読めないという子もいるでしょう。「玄関で靴を履きかえるときに…」と話されても場面を想像することが難しいという子もいます。

傾向と対策

1 黒板メッセージで練習する

　子どもたちの登校前に黒板にメッセージを書いておきます。その中に，「朝の会が始まるまでにすること」の連絡事項を入れておきます。学習用具の準備や朝読書などですね。朝の会では，連絡通りにできている子どもを褒めて

第1章 基礎・基本を身につける！ 日常スキル30

「どうしてできたの？」と聞きます。子どもは「だって先生，黒板に書いてあったよ」と答えるでしょう。「そうかぁ。黒板に書いてあるのを自分で読んで，その通りにしたんだね。えらいなぁ」と価値づけします。「視覚情報から把握する」練習です。黒板に書かれていることには何か意味があるぞ，という感覚をもたせることが大切です。

2 メモをとることを練習する

　読み書きがある程度できるようになってきたら，積極的にメモをとる機会をつくります。これもいきなりはできませんので，はじめのうちは黒板に書かれたお手本のメモを写します。徐々に聞き取りだけでメモがとれるようにしていきます。聞き取りメモも，一言ずつ区切り，一文ごとに隣同士で交換して音読するといった丁寧さが必要です。「音声情報をキャッチする」練習は，時間をかける必要があります。

3 ロールプレイで場面を「見える化」する

　教室移動などをともなう場面での連絡では，直前に伝えられない場合もあります。「３時間目の体育は，中休みの後，鉄棒の前に４列で集合します」といった場合です。しっかりと理解して覚えていられるように，何人かの子どもに黒板の前まで出てきてもらってロールプレイをしてみせます。このとき，連絡を聞き逃しがちな子どもをさりげなく入れて，連絡を受けた後の行動を体感させるのも効果的です。普段，注意を受けることが多い子ほど，上手に行動できたときは褒めてあげましょう。　　　　　　（藤原　友和）

第1章●基礎・基本を身につける！ 日常スキル30

忘れ物

「持ち物の準備は自分でする」教師はそれを当たり前のことと考えがちですが，指導と配慮なしにはできません。低学年であっても，自分で持ち物を確認し，漏れや落ちなく準備できるようにすることが大切です。

忘れ物をしてしまう原因

忘れ物の原因は「確認不足」です。ただし，前日に確認したのでは間に合わないもの，子どもだけでは準備できないものへの配慮が必要です。確実に準備できるように，通信への記載の仕方を工夫します。保護者の協力や事前のお知らせが必要な場合についても配慮が必要です。

傾向と対策

1 時間割の工夫

①「毎日の持ち物」を記載する

給食セット・ハンカチ・ティッシュは毎日必要です。毎日の持ち物も時間割に記載します。

②「その日」か「その日まで」かわかるように記載する

持ち物にはその日に持ってくるものと，その日までに持ってくるものがあります。例えば，お弁当は「その日」ですが，図工で使う空き箱は「その日まで」です。時間割に

は，矢印で示します（図）。収集や準備に時間がかかるものは，1か月前予告で，ご迷惑をおかけしません。

③持ち物にチェック欄を設ける

　上で示した持ち物にはすべてチェック欄を設け，☑を付けながら確認するよう指導します。

2　保護者への協力のお願い

　忘れ物をした子どものほとんどは，自分では「確かめた」つもりでいます。漏れや落ちなく準備するには，保護者の協力が不可欠です。入学後，次のようなステップで進めていくことを保護者に伝えます。

①「一緒に準備」〜入学から半年〜

　入学後半年間は一緒に準備していただき，習慣化を目指します。☑の仕方もこの期間に定着させます。

②「一人で準備」〜半年後から〜

　ひらがなの学習を終え，時間割が自分で読めるようになったら，一人で準備をする段階です。ただし，準備後は必ず保護者に確認をしていただきます。

　「帰宅後すぐ」「夕食後」など，「いつ行うか」を固定化します。ルーティン化することで習慣となることをお話しし，継続して関わっていただくようお願いします。

（福川　洋枝）

18 忘れ物

第1章●基礎・基本を身につける！ 日常スキル30

忘れ物はいつでも誰にでも起こりうること。忘れたときの対応と，繰り返さないための対策を整えておくことが大切です。

忘れ物の種類

忘れ物で多いのは，ノート・教科書等の学習用具と，ハンカチ・ティッシュ・給食セット等の生活用具です。

傾向と対策

1 忘れ物への対応　～準備と指導～

忘れやすいものは，いつでも貸し出せるよう準備しておきます。

ノート ⇒全教科分を印刷し保管します。ノートの罫線は薄いので，コピー機のシャープネスや濃さで調整してから印刷し，余白は切っておきます。使ったプリントはそのままにせず，自分のノートに貼っておくよう指導します。

教科書 ⇒予備（もしくは教師用）を持ち歩きます。貸出・返却は手渡しで行い，大切に扱うように指導します。書き込んで使うときには，コピーしたものを渡します。

筆記用具 ⇒教師用机に３～５個ずつ入れておきます。筆記用具に加え，のり・はさみ，三角定規・カッターなどを

第1章 基礎・基本を身につける！ 日常スキル30

常備します。筆記用具には教師の名前を必ず書き，貸出・返却は手渡しで行います。

図工の材料 ⇒教室の棚に材料セットを用意します。空き箱やプラスチック容器，折り紙・モール・スパンコール・ビーズなど，教科書を見て準備しておきます。

2 繰り返し忘れないための対策

①忘れ物の自覚の大切さ

忘れ物を繰り返すのは，帰宅したら忘れてしまうのが原因です。そこで活躍するのがチェックシート（図）。忘れ物に気付いた時点でシートに記入させます。帰宅後，時間割を調べるときにシートを見ながら確認させます。

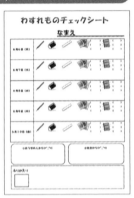

②家庭のサポートの大切さ

・チェックシートは保護者にも見せ，何を忘れたのかを把握していただきます。ハンカチ・ティッシュ・給食セットなど，使用頻度の高いものは，かばんに予備を入れておいていただきます。

・「もうすぐノートがなくなるよ」というサインとして，終わり5頁目くらいに付箋を貼ります。こうすれば，使い終わってからではなく，なくなる前にノートを準備することができます。1冊目のノートの付箋は学校で貼り，ノートが替わるたびに保護者に確認していただきます。

（福川　洋枝）

第1章●基礎・基本を身につける！ 日常スキル30

落とし物

　教室で発生する落とし物の大部分は，鉛筆や消しゴムです。多くの場合は，自分のものだという自覚がないことが原因です。自意識の低い低学年では，自分のものと他人のものの区別がしっかりできるよう指導することが大切です。

自己管理ができるようにする

　低学年の場合，自分のものかどうかの認識がまだ十分ではありません。自己管理ができるような手立てが必要です。とはいえ，低学年が一人でできることには限りがあります。家庭と連携をとりながら進めていきましょう。

傾向と対策

1 すべての持ち物に記名させる

　学年始まりの懇談や通信の中で，すべてのものに記名していただくよう保護者にお願いをします。また，定期的に名前が書かれているか確認する機会を作ります。名前がないものについてはその場で記名させます。教科書やワークなど学校で配布するものは配ったときに一斉に記入させます。自分で名前を書くことにより，「自分のものである」という認識が高まります。

② 記名の仕方の工夫

記名にはネームシールを使う場合もありますが,ペンで書いていただくのが良いでしょう。長持ちさせるためには,書く場所がポイントとなります。保護者の方には,通信等でイラストや写真等を使い具体的に説明し理解を得ます。また,時間が経つと薄くなるので,持ち帰った際に道具の点検とあわせて,名前が消えていないかを確認していただきます。学期末の懇談や通信等で定期的に呼びかけると効果的です。

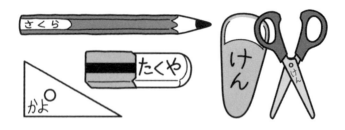

③ 持ち物の管理がしやすい工夫をする

学校で持ち物規格が決まっていることも多いようですが,自己管理という観点から持ち物を精選することが大切です。「鉛筆は２Ｂが５本で消しゴムは１つだけ」というように,「何をいくつ」と限定します。

持ち物が精選されることで,何があって何がないかを把握しやすくなります。また,時々点検することと,場所を決めて保管させることが上手な管理につながります。

(山河　愛)

第1章●基礎・基本を身につける！日常スキル30

落とし物

　落とし物をゼロにすることは難しいことです。しかし，落とし物に気付いたり，拾えたり，持ち主を探し出したりすることができるように指導することが大切です。

落とし物への対応

　床に鉛筆が転がっていても，気がつかない子がいます。また，気がつかないふりをして通り過ぎる子もいます。そのため，落とし物に気付き何らかの行動ができるよう当事者意識を育てることが求められます。

傾向と対策

1 学級全員で確認を行う

　落とし物が発生した場合，まずは学級全体で持ち物の確認を行います。多くの子は「自分のものではないはず」と思っています。そのため，呼びかけだけでは持ち主を探し出すことはできません。自分の持ち物が決められた数だけあるかどうか，定位置に保管されているかなど，一つ一つを丁寧に確認させる必要があります。

　確認する行為を通して，落とし物への当事者意識を育てることができます。

第1章 基礎・基本を身につける！ 日常スキル30

2 情報を開示する

　落とし物を一時的に保管しておく場所として，落とし物コーナーを作ります。置き場所を決めておくことで，見つけた落とし物を放置することを防ぐことができます。

　また，落としたものが見つからないときに，持ち主の名前やものの特徴などの情報をホワイトボードにメモしておきます。掃除の時間や授業終了後等に探す時間を設定し，クラス全体が関心をもてるようにします。落とし物箱を順に回覧するなどして「これは自分のもの」「これは違う」と確認させることも当事者意識を育てることにつながります。

落とし物コーナーグッズ

3 保護者に協力していただく

　落とし物によっては，長期間にわたり，持ち主や探し物を見つけ出すことができないことがあります。参観日や通信等で落とし物についてお知らせします。子どもだけではなく，保護者にも落とし物の状況をわかっていただき，お子さんのものがないか確認していただくのが目的です。

　また，探し物はご家庭でも一緒に探していただくようお願いします。保護者も教師も，落とし物を放置せず手を尽くす姿勢を示すことが，ものを大事にする心を育み，やがて落とし物ゼロにつながるのだと考えます。（山河　愛）

落とし物／ソフト編

第1章●基礎・基本を身につける！ 日常スキル30

欠席者への対応

欠席の連絡があったとき，欠席理由の確認はもちろんのこと，その背景にも目を向ける必要があります。場合によっては危機感をもって「緊急対応」しなければならない事態もあり得るからです。

対応方法は欠席理由で異なる

・「冠婚葬祭や病気」など，"通常対応"で良いもの
・「いじめや怠学」など，"緊急対応"が必要なもの

前者と後者では対応の手立てが異なります。普段から後者の想定もしておくことで，緊急の場合にも慌てず対応することができます。

傾向と対策

「通常対応」の手立て

保護者から欠席の連絡があったときには，その理由と子どもの様子を確認します。その間にも，頭の中では「何か気になることはなかったか」と，普段の子どもの様子を思い浮かべます。欠席の理由と普段の様子とを照らし合わせ，「緊急対応」の必要がないかを見極めるためです。

その後，欠席の理由を学年団の先生や管理職，養護教諭に伝えます。感染症等で欠席の場合は，学校全体での呼び

かけや対策にも関わるからです。また，共通理解が図られていると，「緊急対応」となった場合でも話し合いをスムーズに始めることができます。

そして，欠席した日にちや理由はすぐに出席簿に記録しましょう。対応を見極める資料としても，学年末に要録への記入を行うための資料としても役に立ちます。

2 「緊急対応」の手立て

「緊急対応」と判断した場合は，「通常対応」の手立てをとった上で，事態の状況把握と悪化の防止に努めます。決して単独で動こうとはせず，まずは学年団，生徒指導主任，管理職など，複数で対応できるように相談を密にしましょう。必要があれば，外部機関との連携も視野に入れます。

状況を把握するために保護者や周りの子どもから聞き取ったことや，先生方との話し合いの内容は，ノートなどに細かく記録しましょう。その際，客観的に事実を聞き取り，時系列で記録することが大切です。中立な立場でその後の対応を考えるために重要なことです。

3 普段から大切にしたいこと

欠席時の対応を丁寧に扱うことは大事なことです。加えて，普段から子どもの様子をよく観察して記録に残すこと，子どもや保護者との信頼関係を作ることも大切です。このことは，「通常対応」と「緊急対応」のどちらの場面にも生かすことができます。

(加藤　慈子)

第1章●基礎・基本を身につける! 日常スキル30

欠席者への対応

学校を休んだ子どもは,「どんな勉強をしたのかな」「みんなは何の話をしているのかな」と,授業や友達に対して不安を抱くことがあります。

見えないことによる不安

学校生活の流れが定着してくる低学年。学校を休むことで,勉強や友達に置いていかれてしまうのではないかといった不安を感じます。休んでいた時間が見えないだけに,子どもの中に不安が広がります。その不安が,学校への一歩を遠ざけてしまわないよう,子どもに寄り添った対応が求められます。

傾向と対策

1 欠席者への手紙

学校を休んだとき,「休んでいる間にどんなことをしたのかな」という"見えないことによる不安"をもつ子どもがいます。

その不安を取り除くために,休んでいた間の様子がわかるようにします。授業内容などを書いた「お休みした友達へ」という手紙を届けるのです。

第1章 基礎・基本を身につける！ 日常スキル30

欠席者への対応／ソフト編

【『お休みをした友達へ』の内容例】

・当日の時間割とその内容

　例）　2時間目　国語：としょかんで□□の本をさがしたよ。

・次の日の時間割と持ち物

　例）　4時間目　体育：なわとび

・メッセージ

　例）早くかぜがなおるといいね。まってるよ。○○より

　ただ，手紙だけで不安が解消されるとは限りません。休み明けに，「不安なことはない？」という声かけも忘れずにしましょう。

2　学習内容の確認

　休み明けの授業も，子どもの中に"見えないことによる不安"を与えることがあります。休んでいた間の授業内容がわからないからです。その対応として，休み時間などに休んでいた子どもを呼び，友達のノートを写させます。そして，「ここはわかるかな」「新しく覚えるところだよ」などと声をかけながら授業内容を確認します。

3　子ども自身が不安を解消するための手立て

　もし学校を休んでしまっても，"見えないことによる不安"を自ら解消することができたら，休み明けの気持ちに余裕をもつことができるのではないでしょうか。

　普段から，「わからないときは友達に聞くとわかるよ」「困ったら先生に聞いてね」などの声かけをします。低学年のうちから，自分で安心感を作るための方法を身につけていきます。

（加藤　慈子）

第1章●基礎・基本を身につける! 日常スキル30

連絡帳

連絡帳は,学校と家庭間で,児童の様子や,学校と家庭からの連絡事項を伝え合うための連絡ツールです。

何を伝えたいときに書くのか

学校と家庭間でやりとりされる連絡帳には,以下のような長所があります。
(1) 気軽に書いて伝えることができる。
(2) 短時間で連絡事項を確認できる。

しかし連絡内容が多岐にわたると,確認に時間がかかります。では,「何を」伝えたいときに書けば良いのでしょうか。あらかじめ学校と家庭間で「連絡帳には何を書くか」確認しておきます。

傾向と対策

1 連絡帳に書く内容

新学期の保護者会や通信などで,以下のように保護者に連絡帳の使い方を説明します。

連絡帳は,以下の内容を伝えたいときに記入し,朝のうちに提出してもらいます。お子さんにも,「朝のうちに出してね」とお声かけください。すぐに連絡事項を確認した

第1章 基礎・基本を身につける！ 日常スキル30

いので，記入したページには付箋を貼ってください。また，帰宅後は担任からの記載がないか，付箋を目印にしてご確認ください。

①体調面の配慮事項

「体調不良で，体育を見学します」「給食後に服薬します」など，体調面で知らせたいことがある場合です。

②登下校方法の変更

通常と異なる登下校方法の場合は，必ず当日までに連絡してください。緊急の場合は，電話連絡でも構いません。

③担任に連絡したいこと

何か担任に知らせたいことがあれば，ご記入ください。

2 効率よく確認する

効率よく連絡帳に目を通すために，回収の仕方を工夫します。教師の机上に，連絡帳提出用のかごを置いておきます。かごに連絡帳の写真を貼っておくと，提出場所がわかりやすいです。朝の会の前までに，提出されたものから随時読んでいきます。提出者が多い場合は，確認したことがわかるように担任の氏名印や可愛い判子などを押印しておき，必要な返事は後から記載します。

（辻村　佳子）

第1章●基礎・基本を身につける！ 日常スキル30

連絡帳

低学年（特に１年生）の保護者は，学校に慣れていませんから，わが子の学校生活に不安を抱いたり，心配になったりして，連絡帳を書いてくることがあります。保護者の身になって丁寧に対応し，信頼関係をさらに強くしたいところです。

保護者の身になって対応する

連絡帳には以下のような短所があります。
（1）相手の意図が，文章から伝わらないこともある。
（2）書いたことがいつまでも残る。

連絡帳に返事を記載する場合は，誤解が生じないように対応します。

傾向と対策

1 体調面には「一日の児童の様子」を書く

前述した「体調面の配慮事項」の返事は，児童の様子を一日観察した上で，帰りの会の前に記入します。児童がどう過ごしていたかを，２文程度で記入して返却します。例えば「朝は頭痛を訴えていましたが，熱はありませんでした。給食は完食し，その後は元気に過ごすことができました」と書きます。注意して観ていたことが，保護者に伝わ

第1章 基礎・基本を身につける！ 日常スキル30

るようにします。

2 報告には「感謝」を書く

「登下校方法の変更」などの報告事項には，「連絡ありがとうございました」と感謝の気持ちを記入して返却します。

3 相談事には「感謝と連絡方法の変更」を書く

連絡帳の内容が，学校生活に対する相談事や不安の場合には，直接的な返答を書きません。まずは書ききれなかった保護者の思いや願いに，耳を傾ける必要があります。以下のように対応します。

連絡帳をコピーしておき，管理職に報告します。コピーしておくと，書かれていた内容を再度確認することもできます。連絡帳には，「連絡ありがとうございます。ゆっくりお話しさせていただきたいのですが，本日中にお電話してもよろしいでしょうか」とだけ記入し，返却します。当日中に電話をして，保護者の考えを聞きながら，返答します。

どう返事を書いたら良いか困った場合は，電話連絡や家庭訪問が有効です。連絡帳を書いてきた保護者の気持ちに，思いを巡らせて対応します。　　　　　　　　　（辻村　佳子）

第1章●基礎・基本を身につける！ 日常スキル30

朝の会・帰りの会

　朝の会は一日の始まりの活動です。子どもたちの意欲を喚起し、心を開放することができるようなプログラムを考えます。また、帰りの会は一日の終わりの会です。子どもたちが一日を振り返り、学校生活に満足して下校できるように計画します。

👆 学級づくりに必要な活動を厳選する

　プログラムは、学級づくりと連動したものにします。良いからといって何でも詰め込まず、限られた時間内にできるものを厳選します。

📖 傾向と対策

1 子どもの心を開放させる

　子どもたちの心を開放させる活動の一つに、歌を歌う活動があります。歌詞に共感できる曲・踊りながら楽しめる曲・子どもたちからのリクエスト曲など、そのときの学級の状態に合わせて選曲し、みんなで楽しく歌います。発表会等の行事の練習でない限り、声の大きさや歌い方の指導はしません。朝から楽しく活動することで、教室全体が前向きな雰囲気になります。

第1章 基礎・基本を身につける！ 日常スキル30

朝の会・帰りの会／ハード編

2 子どもたちの意欲を喚起する

　意欲を喚起する方法の一つに，短時間で行えるゲームやクイズがあります。例えば，教師やクラスの子に関する3択クイズや〇×クイズを出します。「今一番食べたい物」や「お気に入りの遊び」等，問題を工夫することで，たった1問だけでも楽しめるようにします。

　また，じゃんけん大会も子どもたちはとても喜びます。勝負を一度きりにし，勝敗が決まったときのパフォーマンス（勝ったらジャンプする・負けたら拍手する等）を決めておくと，勝敗に拘らずに楽しむことができます。後出しじゃんけんや負けるが勝ち，あいこが勝ちなど，条件を変えてアレンジすることで，何度でも楽しむことができます。回数を決めておくことで時間短縮を図ります。負けても楽しめるような工夫をし，勝敗に拘らずに全員で楽しむことができます。

3 リフレクションで意欲を引き出す

　帰りの会では，一日の学校生活の中から良かったことを認め合う活動を取り入れます。学級の人数や実態に合わせ，ペアやグループ，全体で頑張ったことや友達の良かったところを発表し合います。振り返りや教師の声かけで教室を意欲的な雰囲気にし，「明日も学校が楽しみだな」という気持ちで下校させたいものです。　　　　　　　（山河　愛）

第1章●基礎・基本を身につける！ 日常スキル30

朝の会・帰りの会 ソフト編

朝の会・帰りの会は短い時間ですが，連絡事項や健康観察などやるべきことがたくさんあります。効率的に進め，時間内に終わらせることが大切です。

自分たちでスムーズに進めるための工夫

朝の会・帰りの会では，子どもたちが司会を行います。何をするのかが不明瞭だと，必要以上に時間がかかってしまいます。やるべきことを明確にし，見通しがもてるように工夫していくことが求められます。

傾向と対策

1 進行表を掲示する

朝の会・帰りの会の進行は日直が行います。順序がわかる進行表を作り，スムーズに進められるようにします。教室の側面の壁に掲示することで，全員に見えるようにしておきます。日直は，何をするかがわかりスムーズに進めることができます。日直以外の子も流れを把握することができ，安心して参加することができます。

2 進行表は話し言葉にする

進行表は，どのように話せばよいのかがわかるように，話し言葉で示します。誰が司会者になっても上手く進めら

第1章 基礎・基本を身につける！ 日常スキル30

れるようにすることで，スムーズに進行することができます。プログラムは模造紙に大きな字で書きます。はじめのうちは教室の後ろに掲示し，目線を下げずに話せるように工夫します。

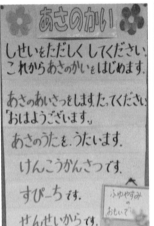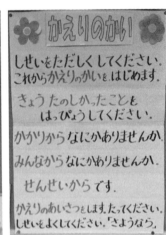

3 次の日の日直を決めておく

帰りの会では，次の日の日直の確認を行います。あらかじめ確認しておくことで，心の準備ができスムーズに進められるようになります。

支援を要する子や自信のない子には，前もって見通しをもたせることができ，戸惑わずに活動させることができます。黒板に名前のマグネットを貼り，目でも確認できるようにしておくと良いです。

(山河　愛)

第1章●基礎・基本を身につける！ 日常スキル30

机の整理整頓

「整理」は無駄なものを取り除くことで，「整頓」はきちんと片付けることです。

正しい見本を示す

整理整頓されているとは，「どこに」「何を」「どのように」置いた状態なのか，具体的に指導することが大切です。そのために，正しい見本を示します。スモールステップで繰り返し指導しながら，整理整頓の定着を目指します。

傾向と対策

1 「朝の準備」で示す

勉強道具のしまい方は，掲示物（下記）を教室前の黒板に貼って示します。

---
① じかんわりのとおりに　べんきょうどうぐが
　はいっている。
② べんきょうどうぐの　はしを　そろえる。
③ ひだりに　べんきょうどうぐを　いれる。
④ みぎに　ふでばこを　いれる。

朝の会では，整理整頓できているかを確認します。はじめのうちは，掲示物を指しながら1つずつ確認します。全

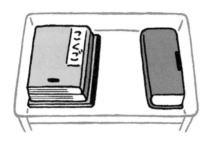

員ができるようになったら,「自分でできるようになりましたね」と褒め,黒板の掲示をやめます。

2 「学習準備」で示す

2時間目の学習準備は,以下の要領で説明します。

「1時間目の教科書とノートは,机の中の一番下にしまいます」と言い,児童の机上を確認します。「2時間目に使う教科書・ノート・筆記用具を出します」と言い,机上を確認します。掲示物を指しながら「並べます」と指示します。「隣の人と同じ場所にありますか」と言い,ペアで見合います。机の中も整頓できているか覗かせ,教師が最終確認をします。

上記の掲示物は,見本として黒板に貼っておきます。学習準備は,前時の授業終了後に行います。定着するまでに要する期間は,学年によって違います。8～9割の児童ができるようになったら,全体指導から個別指導に移行していきます。

(辻村　佳子)

第1章●基礎・基本を身につける！ 日常スキル30

机の整理整頓 （ソフト編）

どれだけ丁寧に整理整頓を指導したとしても，学級には定着しない児童が数名います。

なぜ身につかないのか

「整頓するのは面倒だな」という気持ちが先行して整理整頓しなかったり，わかっていても整理整頓できなかったりする場合があります。なぜ面倒だと感じるのか，なぜできないのかという理由は，児童によって様々です。児童が，「簡単だから面倒じゃない」「この方法ならできる」と思うような手立てをとり，個別指導での定着を目指します。

傾向と対策

1 机の中に仕切りを作る

机の中（右端）にお道具箱の蓋を入れ，仕切りとして使用します。蓋の中には筆箱などをしまい，左側の空いているスペースに教科書やノートをしまいます。仕切りによって，教科書やノートは自然と揃います。

2 整理する時間を作る

机の中に不必要なものが入っていると，「ものが多いから，整頓が面倒だ」「どこに何を入れていいかわからないから，できない」などと整理整頓する気持ちが薄れていき

ます。週1回，整理する時間を2〜3分設けます。机の中に入れておいて良い物を決めて（例えば本1冊だけ，先述した仕切りの中には，のり

とはさみだけなど），その他は元の場所に戻したり，持ち帰ったりします。金曜日の帰りの会に「机すっきりタイム」として設定すれば，月曜日は整理された机で，朝の準備をすることができます。

3 見本を見ながら準備する

ハード編で示した「机上，机の中の正しい見本」は，教室内に掲示しておきます。

児童には，「ここにお手本が貼ってあります。同じように準備できたら素敵だよ」と話しておきます。はじめは整理整頓の手順を確認するために，一緒に見本を見ながら準備します。その後は児童と相談しながら，任せていきます。一人でできるようになってきたら，それを認め，価値付けていきます。

定着するまでの間は，児童の座席を掲示物が最も見やすい場所にしたり，個別に声をかけやすい最前列にしたりします。

（辻村　佳子）

第1章●基礎・基本を身につける！ 日常スキル30

学級通信

　学級通信を書かなければと考えている教師は多くいます。しかし，そう思っているのにできない現状があります。

継続発行を困難にしている要因

①書く内容が探せない　②どう書いていいかわからない
③書く時間がない　　　④書くのに時間がかかる
⑤面倒になってしまう　⑥まあいいか，と思ってしまう
　①②は通信の書き方，③④は時間，⑤⑥は気持ちのコントロールに問題があります。

傾向と対策

1 通信の書き方を身につける

①作成手段

　「手書き」か「パソコン」に大別されます。手書きの利点は，どこでも書ける，文字数を調節できる，図の挿入や微調整の煩わしさがない，などです。パソコンの利点は，修正がしやすい，読みやすい，写真や図の大きさを調整できる，などです。自分に適した手段を選びましょう。

②書く内容

　特別なことだけではなく，保護者が知り得ない子どもの日常の姿を書きます。付箋やメモを持ち歩いたり，デジカ

メで記録したりしておくと，すぐに書き出すことができます。

③言葉遣い

誤字脱字を防ぐため，辞書を手元に置いておきます。紙の辞書の方が素早く調べられます。よく間違う言葉は目につくところに貼っておくことで予防することができます。

敬体は丁寧な，常体は簡素で断定的な印象を与えます。「低学年保護者向け」と考えると，敬体が好適でしょう。

2 時間を節約する

①環境を整える

朝の職員室，放課後の教室など，集中して一気に書ける環境を作り，時間を節約します。

②作業を分ける

写真を撮ったそばからすぐ選ぶ→すきま時間にワードに貼り付ける→放課後，文章を書く→打ち合わせ前に管理職に出す→退勤前に印刷に出すといった具合に，作業を分けて効率を上げます。

3 気持ちをコントロールする

①定期発行する

週に〇回，〇曜日と回数を決めます。ルーティン化することで，「やらなければ」という気持ちを作ります。

②フォーマットを固定する

通信のフォーマットを決めておき，毎回同じ型で通信を作成します。文字量を調節できることに加え，レイアウトを考える面倒を省きます。

（中島　　愛）

第1章●基礎・基本を身につける！ 日常スキル30

学級通信

ソフト編

　子どもの描写に関する部分は丁寧に扱う必要があります。偏った伝わり方になったり，教師の自己満足な内容になったりする危険を避けるためです。

具体的な姿を伝える

　教師が良いと思った言動であっても，その子ども本人や周りは意外と気付いていないことがあります。自他の良さを知ることで，自己肯定感や他者肯定感は高まります。一人一人の具体的な良さを伝えましょう。

傾向と対策

1 「事実＋価値付け」で書く

　学級での様子に加え，その子の姿にどんな価値があるのかを書くようにします。「丁寧にゼッケンをたたんでいた○○君。（事実）＋次に使う人への素敵な心配りですね！（価値）」といった具合です。

2 写真や作品の画像を載せる

　活動の様子や作品の出来栄えなどは，文章よりも写真や画像の方がよく伝わります。良さがさらに詳しく伝わるよう，名前を書き込んだり，教師のコメントを付け加えたりします。

第1章　基礎・基本を身につける！日常スキル30

3　読み聞かせて良さに気付かせる

学級通信で紹介した子の話を読み聞かせ，学級全体にその子の良さを伝えます。低学年では，児童の実態に応じて「名前を出して褒めているところ以外は端折って読む」などの工夫をします。朝，読み聞かせると，その日のモチベーションが上がります。

4　平等に登場させる

登場回数に大きな差が出ないよう配慮します。例えば，教務手帳や自作の児童名簿を準備し，名前の横に登場した日の日付けを書きます。通信が完成したタイミングですぐに行います。それと同時に，今日までの全員の登場回数を調べます。少ない子がいたら翌日はその子を中心に観察し，通信に登場させるようにします。

(中島　愛)

第2章

学級がうまくまわる！
係活動・
当番スキル28

第2章●学級がうまくまわる！ 係活動・当番スキル28

学級目標

　学級目標は，学級集団が一年間を通して，学校生活において取り組む目標です。学級目標には「こんなクラスにしたい」という児童の願いや担任の願いが込められています。学級の目指すべき姿，ゴールイメージが表されます。

学級目標が学級全体のものになる

　学級目標は，子どもたちと話し合いながら作ります。学級目標が一日も早く学級全体に浸透し，学級全体のものになっていくことが肝要です。

傾向と対策

1 言葉に拘る

　担任の願い・子どもたちの願いが学級目標の言葉にまとめられています。学級目標が合言葉のように定着することが必要です。そのために，次の3点について留意して学級目標を作ります。

①わかりやすさ（えがお，なかよしなど）

　学級目標の言葉からどういうことを目指すのかをイメージしやすい言葉を選びます。または，その言葉を聞いて，良いイメージを抱けるような言葉にします。

②言葉の響きの良さ（ゆめいっぱい，にこにこなど）

　言葉の響きが良いと子どもたちが学級目標を受け入れやすくなるでしょう。

③覚えやすさ（たいよう，ウルトラ○組など）

　覚えやすいことが大事です。言いやすい言葉，短い言葉でまとめます。

　または，インパクトのある言葉にして，記憶に残るようにします。学級独自の言葉として，愛着もわきます。

2　掲示に拘る

　学級目標の掲示の仕方を工夫することで，学級目標を学級全体のものにしていく環境づくりをします。

①見やすさ

　見やすさは大事です。そのために，大きさと色には気を遣います。学級のどこにいてもはっきりと見えるようにします。

②手作り感

　手作り感を出すと，みんなで作ったという意識が高まります。学級のオリジナル感も出ます。

　例えば，文字の周りを手形や似顔絵で飾ります。他にも，文字を手形で表したり，木やちぎり紙を使ったりするなど素材に拘る方法があります。また，人文字で文字を作り，写真に撮って掲示するなどの工夫もできます。

（齋藤　知尋）

第2章●学級がうまくまわる！ 係活動・当番スキル28

学級目標

新学期に願いをもって立てた学級目標が学級全体のものになっていかない場合があります。学級で掲示されているだけで，担任も子どもたちも意識せずに時が過ぎていきます。子どもたちの活動に学級目標が意識されていかないのです。

学級目標が"絵に描いた餅"になる理由

これはまさしく学級目標が「絵に描いた餅」状態になっているのです。

これには２つの理由が考えられます。

１つは，子どもたちが学級目標を意識して活動する機会が少ないことです。そしてもう１つは，活動ごとの振り返りと価値付けが不十分で次の活動へ生かされないことです。

傾向と対策

1 学級目標と活動を意図的につなげる

子どもたちが学級目標を意識して活動する機会を増やします。

①各行事・学活での意識化

遠足や運動会など，１学期に行われる学校行事の前に学級目標を達成するためにどのように活動すべきかを子ども

たちに投げかけ，話し合いをします。

その後の学校行事，全校的な活動や学級でイベントを行う際も同様に行います。

繰り返していくと，子どもたちの方から学級目標を意識した提案や意見が出されるようになります。意見をまとめる段階でも学級目標を拠り所にするようにもなります。

②当番活動や係活動での意識化

学級での当番活動や係活動は，学級のために行うものです。学級のための一つ一つの活動が学級目標へとつながっていくように意識付けを行います。例えば，係や当番を決めるとき，係ごとに目標や活動計画を立てるときに，「学級目標とつながっていくかどうか」「学級目標へと向かっていくか」を助言します。

2 リフレクションで次の活動へとつなげる

活動後に学級目標についてのリフレクションをします。そして，次の活動へとつなげていきます。

活動シートや日記でのリフレクションの際に，学級目標に対してどうだったのかという振り返りをします。「頑張った」「楽しかった」だけで終わらせるのではなく，その頑張りや楽しさによって学級目標に近づけたのか，どの程度達成されたのかを考えさせます。達成度を点数化するのも方法の一つです。

（齋藤　知尋）

3 係組織づくり

第2章●学級がうまくまわる！ 係活動・当番スキル28

ハード編

　係組織は，子どもたちの自主的な活動を促すために編成されます。「係」というと，「会社活動」のように子どもたちが意欲的に工夫を凝らした活動をすることが想像されますが，低学年の段階では「自分の仕事をしっかりと果たし，みんなの役に立った」という実感を味わわせることに主眼を置きます。

なぜ，「差」が生まれるのか

　係の仕事は時間や場所，活動のタイミングがそれぞれ違います。担任が子どもたちの活動を十分に把握し，適時適切な声がけができないと，全員が「役に立った実感」をもちづらくなってしまうことが考えられます。
・誰がやるのか
・いつやるのか
について明示し，活動の状況に対してタイミングよくフィードバックが与えられるようにします。

傾向と対策

1 「誰がやるのか」を明確にする

　係組織を作るときには，「全員に仕事があたる」ことを原則とします。「どのような係が必要か」「係の名前はどう

するか」「その係にはどんな仕事があるのか」について，子どもたちの意見を聞きながら，必要に応じて教師が補足します。例えば次のような係が考えられます。

・水やりかかり　　・ほけんがかり　　・せいびがかり

・学しゅうかかり　・としょかかり　　・しいくがかり

・くばりかかり　　・せいれつかかり

学級の人数に応じて，１つの係あたり３〜４人になるように調整します。「友達と協力して活動する」場面を作るためです。

また，それぞれの係に，リーダーの役割ができる子どもが入るように配慮します。活動の中でリーダーを育てていくことも大事ですが，成功体験を積ませるための教育的な配慮はそれ以上に重要です。

2 「いつやるのか」を明確にする

それぞれの係の活動が「いつ」行われるのか，教師が把握できるように意図的に活動の時間を定める必要があります。子どもたちの活動を教師が見取れないタイミングで行わせては，適切なフィードバックを与えられません。

・朝の会の前…水やり／ほけん　・朝自習…学しゅう

・中休み…せいび／しいく／としょ

・教室移動…せいれつ　・帰りの会…くばり

というように，活動の時間を明示し，全員の動きに目が届くようにします。「どの時間に」「誰が動いているのか」定点観測の視点をもつわけです。

（藤原　友和）

第2章●学級がうまくまわる！ 係活動・当番スキル28

4 係組織づくり ソフト編

　係活動に対して，低学年の子どもは「一生懸命」な子が多いです。しかし，「何を」「どのように」にまでは気持ちが向かわず，やる気が空回りして失敗することも多いです。実はこの失敗こそが成長の大きなチャンスです。ただし，失敗が自信の喪失につながると成長には結びつきませんので，配慮が必要です。

失敗を成功に変えるために

　失敗させないための事前のイメージトレーニングと，失敗から学ばせるため「何を」「どのように」「どこまで」やると良かったのかというフィードバックの両輪が必要です。徐々に上手に活動できるように適時適切な働きかけを行います。

傾向と対策

1 「活動前」にイメージをもたせる

　「水やりかかり」の活動を例にしましょう。教師が用意したじょうろに，教室の水飲み場で水を汲み，窓辺に置いてある朝顔に水をあげる仕事です。事前に次のような事柄についてイメージをもたせておきます。
・どのじょうろをどこから持ってくるのか。

・じょうろにはどの程度の量の水を入れるのか。
・水道から朝顔の鉢まではどのようにじょうろを持つと水をこぼさなくてすむのか。
・終わった後，じょうろはどこに片付けるのか。

　大人の感覚からすると「細かすぎる」と感じられるかも知れませんが，言葉にして意識化し，それを行動に移すということそのものが大切な学習です。丁寧に進めます。

2 「活動中・活動後」にフィードバックする

　活動前にイメージをもたせたら，それができているか活動中にフィードバックします。「水の量，ちょうどいいね」「多いとこぼしちゃうから，それくらいがいいよ」などと，本人及び同じ係の子どもたちに，基準が伝わるようにその場で声をかけます。「その判断と行動はOKだよ」というメッセージです。事前にイメージをもたせていたことについての失敗—例えば水をこぼすといった—が起きた場合は，「頑張ってお水を運んだね」「次はこのくらいの量にしようか」とそこまでの頑張りを認め，改善の方法を伝え，励まします。事前にイメージをもたせていなかった失敗については基本的に教師がフォローします。「片付けをしていない」など，子どもたち自身に考えさせたい失敗については必要に応じて活動後に話し合いの時間をとります。

　いずれにせよ，低学年の係活動は目配り・気配りを欠かさず，やる気を成果に結びつける配慮が必要です。

（藤原　友和）

第2章●学級がうまくまわる！ 係活動・当番スキル28

5 生活当番

　生活当番は，生活を機能させるためのものです（ここでは，係や給食・掃除当番とは区別して考えます）。

　つまり，日常生活が成立するためにはなくてはならない仕事がそれにあたり，生活当番が機能しなければ毎日の生活が円滑に行われないことを指します。

　よって，生活当番の仕事は「それがなかったら困るもの」である必要があります。

生活当番の内容

　プリント配布や黒板消し，掲示物の管理や時間割の提示など，教室には実に雑多な仕事があります。

　これらを教師任せ，人任せにさせず，一人ひとりが「自分の役割」として自覚できる仕事を置かなくてはなりません。

傾向と対策

1 子どもたちができそうなことをピックアップする

　教室に，どんな「雑務」があるか洗い出します。まずは，朝，子どもたちが登校してきてから帰るまでの生活を思い出してみましょう。どんな仕事がありますか。

(例)

- 健康観察カードを持ってくる。○
  使用後,元に戻す。○
- 朝学習のプリントを配る。○
- 名札を付ける。×→自分のことは自分でさせる。
- 掲示用の時間割をボードに掲示する。○

時系列で追いながら,実際に紙に書き出していくと良いでしょう。そして,その中で分担,あるいは大人数で行った方が効率的なものをピックアップします。効果的なものには○,そうでないものには×を付けて整理していきます。

2 ある程度の量と質を揃える

量を揃えるためには,かかる時間と人数を考えます。時間割掲示などのように短時間で終わるものは少人数で,プリント返却のような手間のかかる仕事は大人数でというように。あまりにも手間のかかる仕事であれば別な組織を立ち上げるとか,活動日をずらす等の方策をとるなどの手立てが必要です。

また,質を揃えるためには,仕事の頻度について考えます。「体育準備」などの仕事は,体育がない日は活動できません。仕事のない日は責任を果たさなくて良い日であり,もっと言うと自分はいなくても学級は円滑に進むことを示唆してしまいます。そういった類の仕事は,日直や背の順の輪番で行うなどの工夫が必要です。

(宇野　弘恵)

第2章●学級がうまくまわる！ 係活動・当番スキル28

生活当番

はじめは意気揚々と行われていた生活当番活動。しかし，月日とともに忘れられ，活動が停滞してしまうこともしばしば。中には，特定の子だけが働く姿が見られることも。

活動が停滞する理由

理由は大きく2つあります。

1つ目は，自分の仕事をし忘れてしまうためです。役割は覚えているのだけど，するのを忘れちゃって……という，よく見られるパターン。

2つ目は，わかっているけどやらないというもの。遊びたい，あるいは面倒だという理由でさぼるパターン。

傾向と対策

1 したかどうかを可視化する

教室の前方，あるいは横面の見やすい位置に，写真のようなボードを設置します。そこに，当番名とネームカードを貼ります（次頁画像参照）。

ネームカードは裏表で色を変えておきます。「最初は白の面」「仕事をしたら色付きの面」としてその都度貼り替えれば，任務遂行が一目でわかります。

第2章 学級がうまくまわる！ 係活動・当番スキル28

自分の仕事が終わったら
ひっくり返して色を替える。

2 一斉に活動する時間を設ける

活動時間を子どもたちに任せると，チェック機能が働かず，活動したか否かが曖昧になりがちです。また，休み時間の当番活動は，責任感よりも遊び心が勝ってしまうもの。さぼるなという方が無理な話だと私は思います。

解決方法としては，活動時間を帰りの会のプログラムに組み込むのがおすすめです。時間も2，3分間と短く設定しておけば，大きな負荷をかけずに活動させることができます。「できなかったものは担任が後でやる」くらいの腹の括り方をしておけばよいのです。

3 責めない，叱らない

それでもできない子，しない子はいるでしょう。でもその子たちだってきっと「しなきゃ」と思っているはずです。頭ごなしに責めたり叱ったりすると嫌々仕事をすることになります。それは「仕事は嫌なつまらないもの」と教えていることと同じです。どうすれば役割を果たすことができるのかを，子どもと一緒に考えることが意識の向上につながると考えます。

（宇野　弘恵）

第2章●学級がうまくまわる！ 係活動・当番スキル28

日直

　日直には人前に立ったり指示を出したりする仕事があります。そうした場は，全員の子どもが体験できる大切な成長の機会です。学級経営の中でどのように日直を生かしていくか考えていくことが必要です。

楽しく日直ができる仕組みを作る

　日直は必ず順番で回ってくるので楽しみな反面，緊張する子どももいます。誰もが安心して取り組める活動を考えていくことで，日直が楽しみになる仕組みを作ります。

傾向と対策

1 日直が行う仕事を決める

　日直の仕事は学級によって異なります。朝の会や帰りの会の司会，授業の挨拶などが多く，さらに黒板を消したり職員室に配布物を取りに行ったりする仕事があります。生活当番の仕組みとの兼ね合いで，どのような仕事を日直に割り振るかを考えます。低学年の場合，黒板拭きは背が低いために業間の休み時間でやりきれない場合もあります。仕事が多くなりすぎると負担が大きくなることがあるので，少ない仕事内容から始めると安心して取り組めます。

第2章 学級がうまくまわる！係活動・当番スキル28

2 日直の人数と輪番の仕組みを決める

日直の人数は1～2人で行うことが一般的です。仕事に責任をもって取り組ませたいなら1人，協力して取り組ませたいなら2人な

ど，学級経営の方針と合わせて考えます。出席番号順，座席順，名札でシャッフルした順など，どのような輪番にするのか決めます。

3 仕事内容を見える化する

＜日直　掲示物の例＞

- ぜんぶおわり！
- かえりのかい
- まどをしめる
- なかやすみのまどあけ
- みずやり
- あさのかい
- おてがみをもってくる
- けんこうかんさつ

にっちょくのしごと

1	しょくいんしつから おてがみもってくる	1
2	あさのかい	2
3	けんこうかんさつを ほけんしつへもっていく	3
4	じゅぎょうのあいさつ	じゅぎょうを まわって
5	こくばんふき	みんなで
6	かえりのかい	4
7	よていひょう	みんなで
8	まどしめ	みんなで

　誰が日直かわかるように，教室横の黒板や掲示板など見やすい場所に名札で掲示します。また，仕事の内容が明確になるよう掲示したり，活動内容を書いた紙をラミネートしたものを日直に渡したりします。掲示物は仕事ごとに短冊で分け，終わるとひっくり返すようにすると，取り組みの進度がわかりやすくなります。　　　　　　（増澤　友志）

第2章●学級がうまくまわる！ 係活動・当番スキル28

 日直

日直は輪番で必ず自分の番が回ってきます。毎日同じパターンで行って積み重ねることで，安心して取り組める活動になります。しかし同時にマンネリ化したり，やりがいが感じられなくなってしまったりすることもあります。

その日のクラス代表として意識させる

日直は全員の前に立って話したり，授業の始まりなどの挨拶をしたりします。その態度がクラスの雰囲気を作ることを意識させ，全員が公的な場に立つときの態度を身につけられるようにすることが大切です。

傾向と対策

1 折り目正しく，歯切れよい挨拶

朝の会や帰りの会では，どこに立てば良いかわからず黒板に寄りかかったり，まっすぐの姿勢を維持できなかったりする子どもがいます。適切な立ち位置をビニールテープで示したり，足型を置いたりすると立ち位置が決まります。そこからずれないように姿勢も意識するようになります。また，係の発表などがあるときに待機する児童用椅子などを用意しておくと，待つときの態度も良くなります。

日直がする挨拶の語尾が伸びると，全員の挨拶も間延び

してしまいます。語尾は伸ばさず，歯切れよく言うようにすると，教室の雰囲気が引き締まります。

2 朝一番から仕事を意識する

子どもたちには，自分に日直が回ってきて，みんなの前に立つことができることに期待感を抱かせて１日をスタートさせたいものです。前日の帰りの会に次の日直を発表することで，自分の番であることを意識させます。日直の仕事のメニュー表などを渡して机の上に置いておくと，次の日登校したときに何をすれば良いか明確に伝わります。

3 価値付けで意欲を高める

日直をしたことでみんなの役に立てた，頑張れたという気持ちを味わうことで，次も頑張ろうという思いにつながっていきます。良かった点があるときや仕事が終わったときにはその都度評価していきます。「歯切れのいい挨拶で気持ちよく授業が始まったね」「黒板がきれいだから全員が学習に集中できるよ」「窓を開けてくれたからみんなの風邪予防につながるね」など，その行動がみんなの役に立ったことを価値付けていくことで，日直の意義を理解し，よりよい活動をしようとする意欲につなげていくことができます。

（増澤　友志）

第2章●学級がうまくまわる！ 係活動・当番スキル28
給食当番

給食当番の仕事は，盛りつけ・配膳・片付けの３つです。食事時間を確保するために，盛りつけ・配膳は素早く行う必要があります。そのためのシステムづくりが大切です。

給食当番システムの設計

給食当番システムを設計するにあたって考えておくべき点は，

> ①セルフ方式かフル方式か
> ②当番の人数
> ③盛りつけの量

の３点です。学級の人数や実態に応じた設計をします。

傾向と対策

1 セルフ方式かフル方式か

セルフサービスに対してフルサービスという言葉があります。飲食店で店員さんが注文を聞きに来たり料理を運んでくれたりするサービスです。

給食でいうと，料理を自分で取りに行くのがセルフ方式，給食当番が配膳するのがフル方式といえます。

セルフ方式の長所は当番の仕事が少ないことです。短所

は，食事を受け取りに全員が立ち歩くという点です。逆にフル方式は，立ち歩く子が少ないという長所がありますが，当番の仕事が多くなるという短所があります。

牛乳やパンのように個装されたものは自分の分を取り，その他を配膳する折衷方式もあります。

2 当番の人数

セルフ方式かフル方式のどちらにするかで給食当番の人数が変わります。フル方式の方が配膳にかかる人数が必要な分，セルフ方式に比べ2～4名多く必要になります。

いずれの方式も，人数が多すぎると効率が悪くなってしまいます。仕事量に見合った当番の人数を見極めましょう。

3 盛りつけの量

盛りつける量と食べられる量との調整方法についても考えておきます。盛りつけ方は，均一に盛りつける方法と食べる量を申告させる方法が考えられます。

均一に盛りつける方法は，時間が短く効率的です。けれども，苦手な食材があるとか小食でたくさん食べられないなどの理由で後から個別に量を調整する必要があります。この方法には，あらかじめ等分したものを減らしていく場合と少なめに盛りつけて増やす場合があります。

申告させる方法は，後から量の調整をする必要はありませんが盛りつけに時間がかかります。また，セルフ方式になるため，やはり全員が立ち歩くことになってしまいます。

（高橋　正一）

給食当番

　どれくらいの量を盛りつけたらいいのかは，低学年の子どもにとっては判断が難しいところです。少なく盛りすぎてたくさん余らせてしまったり，逆に多く盛りすぎて足りなくなってしまったりということがよく起こります。

盛りつけ見本を作る

　あらかじめ見本となる量を先生が盛りつけ，1皿分・1杯分の見本を作っておきます。「このくらいだよ」と見本を示すことで同じ量を盛りつけることができるようになります。見本は，最後に教師分にすると良いでしょう。

傾向と対策

1 汁物はお玉1杯を目安に

　汁物はおおよそお玉1杯が1人分だと教えておくと作業がはかどります。具材が食缶の底に沈んでいる場合があるので，よくかき混ぜて注ぐように気をつけさせましょう。すり身団子やウズラの卵などが入っている場合は，例えば「1人に2個ずつ入れよう」と伝えておきます。

　配られた給食に対して不満をもたせないよう公平に盛りつけるよう指導します。

2 おかずはやや少なめに盛りつける

お皿に盛りつけるおかずは，フライや餃子のように個数の決まっているものは問題ありませんが，そうでないものについては少なめに盛りつけるようにします。あらかじめ少なめに盛っておくと，後から足りなくなるということが起きないからです。

また，盛りつけは食缶の上でやらせます。お皿やお椀を食缶の上に持ってこさせ，その上で盛るように指導します。食材を食缶からお皿に移すような盛り方だと，落としたりこぼしてしまったりすることがあるからです。

3 やらせて褒める

当番の様子をそばで見守りながら，「そう，それくらい」「上手いねえ」と上手にできたときにすかさず褒めます。やる気もアップしますし，適量も把握できるようになります。「盛りつけ名人」などの称号を与えるのもいいでしょう。

（高橋　正一）

給食準備

　給食時間は準備・片付けを含めて40分前後という学校が多いようです。そのうち10～15分が準備の時間です。片付けに10分かかるとすると，食事時間は20分。食事時間を確保するために，素早く準備したいところです。

見通しをもって素早く動く

　給食準備を素早く行うためには，何をするのかという「することの見通し」と，いつまでにやるのかという「時間の見通し」が持てている必要があります。その上で素早く行動することが求められます。

傾向と対策

1 さっと片付けさせる

　4時間目が終了したら机の上の学習用具を素早く片付けさせます。班の形に机を寄せて給食を食べる場合は，机の移動も行います。

　「せーの，ドン」と合図を出して一斉に行ったり，「30秒でできるかな」とゲーム感覚で取り組ませたりします。片付けの素早い子や机の移動を手伝ってあげている子など，よさを褒め学級全体に広めていきます。

第2章 学級がうまくまわる！ 係活動・当番スキル28

2 手順を示す

　授業終了から給食開始まで，何をどんな順序で行うのかを明示し，自分たちで動けるようにします。

　「1．学習用具の片付け」「2．机の移動」「3．手洗い」「4．着席して待つ」のようにナンバーをつけて掲示します。イラストを添え，見た目にもわかりやすくします。

　手を洗いに出るときや教室に入るときに教室のどこから出入りするかを決めておくことも大切です。一方通行になるように動線を決めておくと動きがスムーズになります。

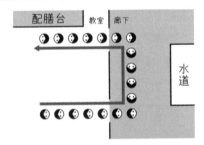

3 時間の目安を知らせる

　時間を意識して準備に取り組ませることが大事です。

　目に見えるものがなければ低学年の子にとって時間を意識することは難しいものです。1年生であれば「時計の長針が5を指すところまでに着席」というように時計の模型で示したり，大きめのキッチンタイマーを用意したりして，いつまでに準備を終えたらいいのかを伝えます。音楽をかけて「曲が終わるまでに着席しよう」という方法もあります。視覚や聴覚に働きかけて時間を意識させます。

（高橋　正一）

第2章●学級がうまくまわる！ 係活動・当番スキル28

給食準備

4時間目が終わった開放感や楽しみにしていた給食が始まるということで，準備時間は落ち着かないものです。忘れ物や食品をこぼすといったことへの対応も必要です。

気配り・心配り・目配り

忘れ物や食品をこぼしてしまった場合にどうするかを事前に指導しておきます。

また，給食当番への指導を行いつつ全体の様子にも目を配ることが大切です。

傾向と対策

1 忘れ物ルールを伝える

あらかじめ箸やハンカチの予備を用意しておき，忘れた子には貸し出します。その際，一言「忘れたので借ります」と報告させます。「どうぞ」とやさしく返事をして貸し出します。置き場所を決めておき，自分で持っていかせるようにすると手間がかかりません。

借りたものについては洗って返却させます。箸の場合は割り箸を貸し，代わりを家庭から持ってきてもらうという場合もあるようです。

2 こぼしてしまったら自分で対処させる

あやまっておかずや汁をこぼしてしまうことがあります。まず「やけどはない」「服は汚れなかった」と声をかけましょう。大丈夫であれば「一緒に片付けよう」と片付けを促します。

時折，どうしていいかわからずに，こぼしてしまった子が立ち尽くし，周りの子や先生がせっせと片付けているという場面が見られます。すべてやってあげるのではなく，できることは自分でやらせることが大事です。

3 全体に声をかける

給食当番の指導を行いつつ教室の様子にも目を向けるよう心がけましょう。

良い点を見つけ全体に伝えるようにします。「静かに待っているね」「きちんと座って待っていて立派だよ」と声をかけます。こうした声かけが落ち着いた雰囲気づくりにつながっていきます。

（高橋　正一）

第2章●学級がうまくまわる！ 係活動・当番スキル28

食べ方指導

給食は，配膳されたものをきちんと食べることが大切です。しかし，子どもたちが正しい箸や食器の持ち方，座り方ができなければ，給食をきちんと食べることはできません。

細かく分けて教える

低学年の子どもが「できない」という場合は，「正しい持ち方や座り方がわからない」ことが考えられます。正しい持ち方や座り方の形に近づくことができるように，一つ一つの動きを細かく分けて教えます。

傾向と対策

1 箸の持ち方

上の箸だけ動くように持つのが正しい箸の持ち方です。ですから，最初に箸１本だけの持ち方と動かし方を教えます。箸は親指と人差し指と中指の３本で軽く持ちます。親指は人差し指の爪の横にあてます。

箸を動かすときは，人差し指だけを伸ばしたり曲げたりします。このときに薬指と小指が一緒に動いてしまう子は，箸を持っていない手で薬指と小指を押さえます。なお，人差し指を曲げているときは，親指が伸びたままになってい

るかどうか確認をします。

 1本の箸だけを上手に動かすことができるようになったら、下の箸も持って練習します。下の箸は、親指と人差し指の間に挟み、薬指の爪の横に箸をあて動かないように持つことを教えます。

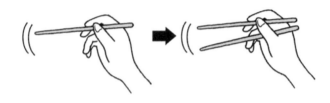

2 正しい食器の配置と持ち方

 正しく食器を持つために、食器の正しい配置を教えます。おかずのお皿を真ん中に置き、ご飯の器は左側、汁ものの器は右側に置きます。体の左側にある器は左手で、右側にある器は右手で持つように教えます。右側の器を持つときは、一度箸を置いてから右手で器を取り、左手の上に器を載せます。

 器を持つときは、左手の親指を除く4本の指を揃え、その上に器を載せること、親指は器の縁にかからないように持つことを教えます。

3 正しい座り方

 机とお腹の間をにぎりこぶし1つ分あけ、背筋を伸ばして座り、足の裏全体を床につけます。椅子が高く足が床につかない子は、踏み台を用意して足をのせるように促します。

(梅田　悦子)

第2章●学級がうまくまわる！ 係活動・当番スキル28

14 食べ方指導

　正しい箸の持ち方・食器の持ち方・座り方ができても周りの人が不愉快になるような食べ方では，和やかな雰囲気でみんなと楽しく食べることができません。

和やかで楽しい雰囲気を作るために必要なこと

　食べているときの適切な話題や振る舞い方が，和やかで楽しい雰囲気を作ります。そこで「挨拶の意味と作法」「話題の選び方」「周りが不愉快にならない食べ方」ができるように指導します。そして，食材や作ってくれた人への感謝の気持ちをもって食べること，会話を楽しみながら食べることが，和やかで楽しい雰囲気に作っていくことを伝えます。

傾向と対策

1 挨拶の意味と作法

　挨拶もそこそこにすぐ食べ始めたり片付けたりする子や，挨拶を声に出して言わない子には，挨拶をすることで感謝の気持ちを伝えていることを教えます。挨拶には，食事に関わる多くの人々や他の生き物の命をいただくことに対して感謝の気持ちを伝える意味があることを教えます。感謝の気持ちを伝えるために，食事の準備が整ったら日直が

「姿勢を正してください」と声をかけること,この声かけで背筋をまっすぐ伸ばし声に出して「いただきます」と言ってから食べ始めることを教えます。「ごちそうさま」のときも,日直の声かけで背筋をまっすぐ伸ばし,声に出して挨拶をしてから,次の行動に移るように教えます。

2 話題の選び方

給食はみんなで楽しく食べる時間であること,そのため一緒に食べている人に嫌な感じを与える怖い話題,汚い話題,気持ち悪くなる話題などはしないようにすることを教えます。また,「おいしくない」とか「これ,嫌い」などと言うと一緒に食べている人も同じ気持ちになることも教えます。そして,「おいしくない」と感じたり「嫌い」「苦手だ」と思ったりしたら,先生のところに来て小さな声で伝えるように促します。

3 食べているときの振る舞い方

口にたくさん入れすぎている子や,飲み込んでいないのに次々と口に食べ物を入れる子には,しっかり噛んで飲み込んで食べるように促します。

口を閉じないでくちゃくちゃ音を立てて食べる子には,他人から噛んでいる口の中が見えて気持ちよくないので,口を閉じて噛むように促します。ただし,鼻づまりのために口を閉じて噛めないということも考えられるので,その子の体調を観察し周囲に説明することも必要です。

(梅田　悦子)

第2章●学級がうまくまわる！ 係活動・当番スキル28

15 給食のおかわり

おかわりをする上で前提となるのは、「全員に平等に機会が保障されている」ということです。同じ金額の給食費を支払っているのですから、食べる権利が侵害されることのないよう配慮しなければなりません。

食事の意義を考える

おかわり指導は単独では成り立ちません。健康の維持・増進や、命あるものをいただくという「食事の意義」を踏まえた上で行うべきものと考えます。したがって、「嫌いなものを残し、好きなものだけおかわりしてたくさん食べる」ということがないように指導します。

傾向と対策

1 ルールの明確化

1つ目は、「おかわり可能な条件」を明確にすることです。「全部食べた人だけ」「一口でもすべてのおかずを食べたら（アレルギーがある場合を除く）」「残してもいいのは1皿だけ」など、学級の実態に応じて様々な対応が考えられます。

2つ目は、時間を明確にすることです。おかわりをしたいあまり、よく噛まずにほとんど丸飲みする子を見かけま

す。ごちそうさまギリギリでおかわりをした場合も同様です。「おかわりタイムは〇分から」「おかわり終了はごちそうさまの5分前」など，ゆっくり食べる時間を設定することが必要です。

3つ目は，「よくばらない」指導です。「あと〇分だけど，大丈夫？」「そんなに食べられる？」と声をかけながら，自分にとっての適量を考えていけるよう繰り返し指導します。

2 平等性の確保

いざ，おかわりをしようとしたら，先におかわりをした子がいて，もうなかった……。そんなことのないように，最初におかわりをする子は「おかわりするよ」という意思を伝える必要があります。「聞いてくーださい！」「いいですよ！」など，リズムの良い声かけの合言葉を決めておくと，注目しやすくなります。その上で，自分の他にもおかわりをしたい人がいないかを確認させます。

（中島　愛）

第2章●学級がうまくまわる！ 係活動・当番スキル28

給食のおかわり ソフト編

ハード編で述べた「平等性」は，規律を保つ上で必要な指導ですが，子どもたちの中に仲間意識を育む上でも大切にしたい視点です。

☝ 早いもの勝ちの弊害

「おかわり可能な条件」をクリアした子から，自分の食べる分だけを好きなだけ取れる。もしそんなルールだったら，そこから子どもは何を学ぶでしょうか。

・自分さえ良ければいい。
・他人を押しのけてでも，早く手にした人が得をする。
・弱者をないがしろにしてもいい。　　など…

不必要な競争意識は，仲間を排除する意識へとつながっていきます。

傾向と対策

1 分け合う

おかわりしたい子は自分以外でおかわりしたい人が何人いるのかを確認し，可能な限りその人数になるようおかずを分けます。食缶の四隅，端，真ん中を使えば，最大9人分に分けることができます。ゼリーなどのカップデザート

第2章 学級がうまくまわる！ 係活動・当番スキル28

も同様です。厄介なのは汁物ですが，「お玉1杯分」「お玉の半分」など，目安を伝えるようにします。慣れてくると，「このくらいだよ」と他の子に教えてくれる子が出てきます。

2 人数分に分けられないとき

とはいっても，分けると1人分がごく少量になってしまう場合や，物理的に分けられないものもあるでしょう。そういうときは，「月曜日は出席番号が奇数の子」「水曜日はレディースデー」など，優先日を設定します。

ジャンケンを取り入れても良いですが，負けてくやしがる子がいる場合は，先生との対決にします。子ども同士のわだかまりを生まないよう配慮することが大切です。

3 他のもので良ければどうぞ

優先日の設定やジャンケンをすることで，おかわりできない子が出てきます。残念ですが，仕方のないことです。その代わり，他のおかずが残っている場合は，「こちらで良ければどうぞ」と声をかけます。お腹が満たされていない子は，希望のおかずではなくとも何か口にすることで満足感を得ることができます。

（中島　愛）

偏食・アレルギー

 今学校で求められている食指導は，かつて行われていた「お残しは許しません!!」系の完食指導ではありません。「様々なものを偏りなく食べる」という偏食指導です。

 また，アレルギーをもつ児童が安全に食べるための対応も欠かせません。

完食指導との違い

 大きな違いは「無理強いしないこと」です。偏食がひどい場合でも学校給食で好き嫌いを直そうなどと考えず，少しでも口にできることを目標とします。

 偏食もアレルギーも激しい拒絶反応を示す場合がありますので，慎重かつ適切な対応が求められます。

傾向と対策

1 偏食の度合いを知る

 偏食といっても，個人によって，あるいは食事や料理によって程度がかなり異なります。まずは，その子がどのくらい食べられないのかを把握しましょう。

 子どもから直接聞くだけではなく，保護者から詳しい情報を得ることも大切です。

偏食・アレルギー／ハード編

偏食度合いチェックリスト

○どの程度食べることができるか

低①我慢すれば食べられる。
　②少量なら食べられる。
　③味見程度なら大丈夫。
　④微量でも吐き出す。
　⑤口に入れると嘔吐。
高⑥においだけで嘔吐。

2 アレルギーの度合いを知る

　アレルギー対応を間違えると，最悪の場合は命を落としてしまうこともあります。ですから保護者から詳細な情報を得て，十分配慮しなくてはなりません。これらの詳細な個人情報は持ち歩くことができませんから，緊急時でも適切な対応ができるよう頭に入れておきましょう。また，「万が一」の場合の対応を知っておくと同時に，迷わず初期対応ができるよう心得ておくことが肝要です。

アレルギー聞き取り例

・食べられないものと，その量。調理法。
・食べたときのアレルギー症状。できるだけ詳しく。
・発症時の対応。緊急連絡先やかかりつけ医など。
・常備薬などの情報。投薬や使用方法。
・子どもが自分でどの程度除去，管理できるか。

（宇野　弘恵）

18 偏食・アレルギー （ソフト編）

第2章●学級がうまくまわる！ 係活動・当番スキル28

　年々，煮物や和え物を食べたことのない新1年生が増えているそうです。

　低学年は食経験自体が浅いのです。生まれてから一度も口にしたことのない食材やメニューに，給食で初めて出合うということも多いでしょう。

知らないから想像できない

　食べたことのない料理に何が入っているのか，どんな味がするのかを想像することは容易いことではありません。だからこそ食べられなかったり，うっかり食べてしまったりするのです。

傾向と対策

1　1mmからチャレンジさせる

　前頁の「偏食度合いチェックリスト」をご覧ください。偏食度が①～③までであれば，1mmでもいいから食べるよう声かけします。そして，箸の先端でごくごく少量を取り，チャレンジするよう促します。④が食わず嫌いの場合でも有効な指導です。

　しかし⑤以上であれば，「食べなくても良い」という選択肢を与えます。嘔吐するほどの拒絶反応を示すものを無

理強いしても,食べられるようにはなりません。「におい
をかぐだけ」「見るだけ」でも良いなどとし,「食べること
が前提ではある」という姿勢だけ示しましょう。

2 「ダメ」が一目でわかるようにする

　勤務校の給食メニュー表には,主な食材が記されています。メニュー表の配布時に,クラスの児童のアレルゲンとなる食材をマーカーで着色します。それを教室に掲示し,児童が自分で食材を確認したり,周りの子が「今日はリンゴが出るよ」などと声かけしたりできるようにします。

　これとは別に,着色した食材名の横に児童名を入れたものを手元に保管しておきます。給食時には必ずメニューをチェックし,該当児童がいれば個別に声かけします。

　自分が食べるものは自分で気をつけさせるべきでは……と思われるかもしれません。しかし,アレルギーは時に命を奪うもの。「命」「安全」を最優先に考えて対応することが何よりも大事です。

　低学年は,自分で対応できるようになるための準備期間であると捉えましょう。

（宇野　弘恵）

第2章●学級がうまくまわる！ 係活動・当番スキル28

後片付け

ハード編

給食の後片付けは，何よりも安全かつ迅速に行わせたいものです。決められた時間枠の中で効率よく子どもたちが動けることが大切です。

安全とスピードを阻むもの

不特定多数の人間が無秩序に動くと大きな混乱を招きます。「何を，どのように片付けるのか」ということを明確にすることで，安全でスムーズに作業が進みます。

傾向と対策

1 3段階で片付ける

片付けの順番を3段階作ります。

最初は完食した人。この第1段階は食べ終わり次第片付けに取りかかることができます。

第2段階は残しありの人。この人たちが片付けていい時間はあらかじめこちらから示しておきます。この段階は残り物が食缶に入ってしまうのでおかわりができなくなるということを示しています。

そして約5分後に，残りの人たちに片付けを開始するよう指示します。こうすることで，片付ける際の混雑を緩和することができます。

2 食器は1つずつ返す

低学年にとって複数の食器を一度に持ち運ぶことは難しいことです。そこで食器を1つずつ持ってきて返し、次の食器を取りに行くという流れを作ります。

このとき、後から来る人はなるべく行列の少ないところを選んで並ぶと流れもスムーズになります。食器は、かごに戻す際にいくつかの山に分けて積み重ねていきますが、どの山も高さが同じになるように重ねるよう指示します。食器の山の高さが違うと、食器かごを運ぶ際にバランスが悪くなるからです。

3 残ったご飯をスムーズに返すために

お米粒は茶碗についたまま乾くと取りにくくなります。茶碗についた米粒を取るのに時間がかかると片付けの流れが悪くなります。

そこで、自席で箸先に汁物をつけて、残った米粒を茶碗の片隅にまとめてから食缶まで持ってこさせるようにします。

また、これは上手にできない子も多いので、慣れるまではごちそうさまの前に米粒を集め始める時間を確保することでしっかり取り組むことができます。

（新川　宏子）

第2章●学級がうまくまわる! 係活動・当番スキル28

20 後片付け

ソフト編

　給食の後片付けは安全にかつスムーズに行うことが鉄則です。しかし,それと同時に残ったものや食器を丁寧に扱うことも大切なことです。

乱雑になるのを防ぐために

　スピードを重視すると,一つ一つのことを丁寧に行うという視点が薄れてしまいます。また,丁寧に美しく片付けるということは,感謝や思いやりの行動であることにも気付かせたいものです。

傾向と対策

1 丁寧に食器を扱うために

　食器は丁寧に扱わないと耳障りな音を発したり,無造作に積み重なってしまったり,ひどいときには破損してしまいます。このようなことを防ぐために,音を立てずに食器を置く指導をします。子どもに「そうっと」と言いながら食器を置かせるのです。最初は教師も一緒になって「そうっと」と言います。「そうっと」と言いながら乱暴な行動はできないもので,自然に丁寧な行動になります。直接「丁寧に」と言うよりも,具体的な言葉で指導する方が効果的です。

2 片付けはなるべく小さくコンパクトに

　紙カップやアルミカップなどは直接袋に投げ入れず、一度配膳台の上で重ねて山にしてから捨てます。その方がゴミの容積を小さくすることができます。パンの袋もそのまま捨てるのではなく、ひと結びして形を小さくします。ごちそうさまの前に、班の中で誰が一番小さくできたかを競わせることも良いでしょう。コンパクトにすることで、ゴミが袋から飛び出て床に散乱するということを防げます。

3 最後まで食べ物として大切に

　残り物が出たときに、その器だけ持ってやってくる子がいます。器から食缶へと戻される食べ物は、もうすでに食べ物としては扱われていません。そこで、残り物があるときは必ず箸を使って低い位置から食缶に戻し、個別のものであれば、箸でつまんで戻すように指導します。また、個体のものや、パンなどはきちんと並べて返すように指導します。残したものであっても大事な食べ物として最後まで大切に扱う気持ちを指導したいものです。

（新川　宏子）

第2章●学級がうまくまわる！ 係活動・当番スキル28

清掃当番

ハード編

　教室では，毎日のように清掃活動があります。学級の児童全員で効率的に行い，清潔な教室で気持ちの良い生活ができるようにしたいものです。

限られた時間で全員が活動する

　清掃活動は，10分から15分程度の限られた時間で活動できるような，効率的な清掃分担を作る必要があります。また，掃除のための生活技能を低学年のうちに全員がきちんと身につけられるような仕組みづくりも大切です。

傾向と対策

1　生活班に仕事を割り当てる

　生活班に，ほうき，雑巾がけ，机運び，黒板消し，机拭き，廊下掃除，教室外割当などの仕事を割り当てます。割り当ては教室の人数や班の数によって変わります。人数が少なければ黒板消しと机拭きを一緒にしたり，多ければ雑巾がけを水拭きと乾拭きで分けたりします。低学年は机と椅子を別々に運ぶことが多いため，運搬に時間がかかります。そのため机運びを担当する班を多めにすると効率的です。ルーレット型の当番表を作るとわかりやすいです。

　給食後に清掃する場合，給食当番の班はワゴンや配膳台

第2章 学級がうまくまわる！ 係活動・当番スキル28

を片付けた後でなければ清掃に取りかかれません。そのため黒板消しや廊下掃除などのような，遅れて始めても全体の動きに支障がない役割と組み合わせます（右図参照）。

2 全員に仕事を割り当てる

　生活技能を身につけるという視点から，全員がすべての仕事を体験することが大切です。モップなど学級に限られた数しかない道具があるときは，班の中で輪番で行うようにします。バケツの準備や片付けも輪番で行うようにして，必ず全員が体験するようにします。

3 清掃が始まる前に準備をする

　バケツや雑巾は，清掃時間になって用意を始めるのではなく，あらかじめ準備しておくようにします。給食後の清掃であれば配膳の時間に，放課後清掃であれば最後の授業前などに準備しておきます。決められた時間にすぐ清掃を開始できるようにすることで，教室をきれいにするための十分な時間を確保することができます。

4 全員で揃って終わりの挨拶をする

　清掃の終わりに全員で揃って挨拶をします。先に終わった子どもが他のところを手伝うことで，協力して取り組むと全体が早く終わるということを意識させ，協力して作業に取り組むことのよさを感じさせます。　　　　　（増澤　友志）

第2章●学級がうまくまわる！ 係活動・当番スキル28

清掃当番

ソフト編

　低学年の子どもたちの多くは一生懸命で，真面目に清掃に取り組みます。その一方で，みんな働いているように見えるのになぜか時間通りに終わらない，ということもよくあります。

清掃が時間内に終わらない理由

　清掃に時間がかかるのは，全体の動きがスムーズでない場合と，清掃をしない子どもがいる場合があります。全体の動きを観察しながら原因を探り対処します。

傾向と対策

1 全体の動きが遅いとき

①先頭に立って指示を出す

　ほうきや雑巾の担当児童が１列になり，速度を調整しながら教室を往復して動きます。教師はその先頭に立って清掃の指示を出します。全体を見渡しながら次々に指示を出すことで，全員がリズムよく動けるようにします。

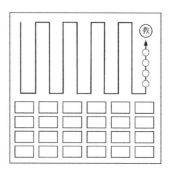

②時間の見通しをもたせる

　毎日の清掃の始まりと終わりの時間をなるべく揃えます。いつも同じ時間に清掃をすることによって、時計を見ながら見通しをもって取り組むことができます。また、キッチンタイマーで時間を計ってかかった時間を記録することも有効です。実物投影機でタイマーをテレビに大きく映して見せると、より時間を意識できます。

2　清掃をしない子どもがいるとき

①仕事の内容を明確にする

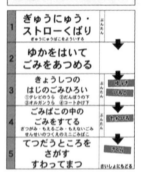

　ほうきや雑巾で具体的に何をすれば良いか仕事を細分化し、手順に分けて掲示します。仕事を分担して行う必要のあるところは、給食配膳の待ち時間などに相談させると仕事の内容をより明確に意識させることができます。また、細分化した仕事にネームカードを付けると、清掃の手順と仕事内容が明確になり、次に何をすれば良いのかわかりやすくなります。

②寄り添って励ます

　全体の清掃活動が軌道に乗っていれば、個別の子どもへの対処もできます。励ましたり、一緒に取り組んだりして清掃への意欲を後押しします。教師だけでなく、早く終わった友達に関わってもらえば、少しずつでも意欲を高めることができます。

（増澤　友志）

第2章●学級がうまくまわる！ 係活動・当番スキル28

23 ほうきの使い方

ほうきは正しく使うと効率よくゴミを集めることができますし，長持ちします。しかし，使い方にはコツがあります。正しい知識と技術を知って上手にできるようになると掃除も楽しくなっていきます。

ほうきの難しさとは何か

ほうきの使い方でよく見かける間違いがあります。「手首を支点にして回転させる」という動かし方と，「四角い部屋を円く掃く」という動き方の２点です。

傾向と対策

1 ほうきの特性と掃き方を教える

ほうきの穂先は平らにカットされています。その面がまっすぐに床に当たるように持ちます。親指が下を向くように握り，穂先が僅かに広がるようにやさしく床に当てます。そのままの状態でまっすぐに腕を動かして掃きます。正しく動かせている場合には，穂先の反発力で，床のゴミが上手にまとまります。このとき，手首を回転させながら動かすと，ホコリが舞い上がるばかりでゴミが集まりません。子どもに手を添えて一緒にやってみせましょう。

第2章 学級がうまくまわる！ 係活動・当番スキル28

ほうきの使い方／ハード編

2 「カルガモの親子」ですみずみまで掃く

　放っておくと子どもは教室の広い場所でうろうろと手当たり次第に「床をかき回す」ような動き方をしてしまいます。そこで，教師が先頭になり，下の図のように教室の前から後ろまで横にまっすぐ移動しながら，腕は前後に動かして掃いていきます。角は「カックン」と言いながら直角に曲がるようにすると端から端までという意識ももたせやすく，何より楽しんで掃き掃除をすることができます。

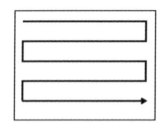

　慣れてきたら，先頭を上手な子どもに任せます。教師は最後尾について，「Aさんの動かし方，さすがだなぁ」「Bさんははじっこも丁寧にやってるね」など，子どもたちを褒めながら一緒に掃除を進めます。

（藤原　友和）

第2章●学級がうまくまわる！ 係活動・当番スキル28

ほうきの使い方

 高学年になっても「手首を支点に回転させ」たり，「四角い教室を円く掃い」たりする姿を見ることがあります。決して指導されていないのではありません。それだけ定着させるのは難しい事項だといえるでしょう。

 焦らず，根気よく，繰り返し指導するほかはないのですが，ちょっとした工夫で楽しく活動して，掃除を楽しめるようにしたいです。

定着しない理由

 はじめのうちは丁寧に意識してほうきを使っていても，学校生活に慣れてくるとついつい油断して「ほうきを動かすこと」が目的になってしまいます。腕を振っているだけで掃除の時間が終わってしまい，床はいっこうにきれいにならなかったという事態さえ起きかねません。「意識しない時間が長くなる」ことが定着しない要因です。

傾向と対策

1 「ほうき名人」を見つけて，発表する

 掃除が終わった後に短い反省の時間をもちます。そのときに「誰のほうきの動かし方が」「どのように良くて」教室がピカピカになったのか，教師からフィードバックしま

す。最初に教えた「正しいほうきの使い方」を繰り返し思い出させることと，「次は自分も名前を言ってもらおう」という意欲をもたせることがねらいです。

　できるようになってきたら，子ども同士で「ほうき名人」を見つけられるようにすると，さらに意欲を高めることができます。全員が正しくほうきを使って「ほうき名人」と呼んでもらえるように意識して声かけをしていきます。

２　個別声かけ・手をかけ作戦で対応する

　掃除当番を週替わりで交代したり，場所によっては日替わりで交代したりする場合，ほうきだけを毎日使うわけではありません。２～３日に一度，もしかしたら数週間ぶりにほうきを持つことが考えられます。そうすると，ほうきのかけ方を忘れてしまっても不思議ではありません。ハード編で紹介した「カルガモの親子」を少し離れたところから見て，ほうきのかけ方の怪しい子に個別に声をかけたり，手を添えたりして，もう一度思い出させます。

３　「先輩の目」「他の先生の目」で見てもらう

　教室以外の場所も清掃が割り当たっている場合があります。高学年の子どもとの組み合わせで掃除をしているようなときには「Ａ君が最近ほうきの使い方を覚えてきているから見てあげてね」とお願いします。「先輩から教えてあげてね」と言うと，その気になってしっかり"指導"してくれるかも知れません。また，他の先生方に指導の意図を伝え，「頑張っているので，良いところがあったら褒めてください」とお願いするのも有効です。　　　　　　（藤原　友和）

第2章●学級がうまくまわる！ 係活動・当番スキル28

雑巾がけ

ハード編

雑巾は，汚れや清掃箇所に応じて様々な使い方ができる便利な掃除用具です。ほうきや用具類が揃っていなくても，雑巾1枚あれば，学校中がピカピカになります。

雑巾がけの強み

雑巾がけによって，ほうきなど他の掃除用具ではきれいにできないような部分を，美しく仕上げることができます。雑巾の基本的な使い方を，低学年のうちから身につけさせることが大切です。

傾向と対策

1 雑巾の特徴と使い分け

①乾いた雑巾（乾拭き）

綿ぼこりに有効です。本棚やロッカー，テレビやラジカセ・児童用PCや実物投影機などのICT機器の表面や裏側，鏡やドアガラスの仕上げ拭きの際に使うのが効果的。

②ぬらした雑巾（水拭き）

土や砂ぼこり・手垢や水垢・食べ物の汚れ等に有効です。効果的な箇所は，床・壁・ドア・手すり・上着かけ・窓際・黒板のふち・チョークの粉受け・机や椅子等，多岐にわたります。

第2章　学級がうまくまわる！　係活動・当番スキル28

2　雑巾の絞り方・持ち方

　縦長に折った雑巾を，両手で縦に持ちます。利き手を手前に，手の甲が見えるようにひじを伸ばし，滴が出なくなるまで絞ります。そして，自分の掌がちょうど収まる大きさに折り畳んで使います。低学年なら２つ折か４つ折でしょう。時折，雑巾を丸めたままだんごを潰すように絞ろうとしたり，自分の手の大きさに関係なく広げて使おうとしたりする子がいます。正しい絞り方・持ち方を伝えます。

3　雑巾の動かし方

　拭き残しがないように雑巾を動かすのがポイントです。児童用の机などは，まず全体のふちの部分をぐるっと拭き上げ，それから左右へ一直線に行ったり来たりと動かしながら拭いていくとまんべんなく仕上げることができます。低学年の場合，辺が短い方に沿って雑巾を動かすと，力が入りやすいようです。頑固な汚れは，しっかりと擦るように動かします。

　「雑巾がけは，生まれて初めて」という新１年生もいます。教師がやさしく手を添えて，一緒に動かしてみましょう。

（鹿野　哲子）

第2章●学級がうまくまわる！ 係活動・当番スキル28

26 雑巾がけ

　一言で「雑巾の正しい使い方」といっても，その用途・絞り方・持ち方・動かし方等があることがおわかりでしょう。低学年に対しては，指導すべきことを細分化し，一つ一つ"やって見せ"ながら，丁寧に教えることが大切です。

雑巾がけの弱み

　慣れてくれば雑巾がけは楽しいと言って取り組む子がほとんどです。しかし，以下の理由によって作業から遠ざかろうとしたり飽きてしまったりする子も見受けられます。
（1）雑巾を汚いものとして考える。
（2）雑巾を洗うのが苦手，面倒に思う。
（3）単純作業が面白くないと思う。

傾向と対策

1　洗えばいくらでもよみがえる

　雑巾全体を水でぬらして，洗ったつもりになっている子がいます。まず，雑巾の端を持ち左右にゆらしながら全体をゆすぎます（ゆらゆら洗い）。繊維の中の汚れを浮き出すイメージです。さらに，汚れた部分を擦り合わせて洗います（ごしごし洗い）。良い香りの洗剤を使用すると喜びます。洗った後はシワを伸ばし天日干しします。黒ずんだ

第2章　学級がうまくまわる！　係活動・当番スキル28

雑巾が真っ白によみがえる様に，子どもは驚きます。

2　雑巾は出し惜しみしない

　古くなった雑巾をすり切れるまで大切に使うのはとても良いことですが，古くなりすぎると何度洗っても臭ってきますし衛生的ではありません。雑巾のストックは教師の方で用意して，新しいものを気持ちよく使わせます。

3　お楽しみ雑巾イベントをしかける

目指せ！しぼりマスター☆ゲットだぜ！

　チームの列の先にあるバケツにかけより，素早く固く雑巾を絞ります。絞った雑巾は広げて床に並ばせます。最後にお互いのチームの絞り具合をチェック。最終審判は，教師が行います。

黒いほど，金メダル!? 班対抗雑巾（リレー）大会

　これも速さを競うのではありません。雑巾をゆすいだバケツの中の水が汚いチームが勝ちとなります。汚れをいかに効率よく拭き取ることができるかをゲーム感覚で競わせます。"汚いほど価値がある"に気付かせます。

（鹿野　哲子）

第2章●学級がうまくまわる！ 係活動・当番スキル28

さぼる子，遊ぶ子

　低学年であっても，係や当番活動の時間にさぼってしまったり，遊んでしまったりする子がいます。ついさぼる，つい遊ぶことが多い発達段階ですが，係や当番活動を通して責任感を高めていくために，丁寧に関わります。

低学年らしさを受け止める

　低学年の子どもたちは，係や当番活動をしっかりやろうと思っています。でも，目の前に楽しいことがあれば，ついそちらに気がいってしまい，さぼったり遊んでしまったりすることがあります。一方的に注意せず，まずは子どものことを受け止めて，関わっていきます。

傾向と対策

1 さぼる子，遊ぶ子の理由を知る

　係や当番活動で，さぼったり遊んだりしてしまうのは，必ず理由があります。どんな手立てをとるかを考える前に，さぼる子，遊ぶ子をよく観察し，その理由を知ることがまず大切です。次のような理由が考えられます。

　理由①目の前に楽しいことがあって，気がそれている。
　理由②係や当番のやり方がよくわかっていない。
　理由③前の場面との気持ちの切り替えができない。

理由④活動の中での時間感覚がない。

理由⑤単純に忘れてしまう。

2 役割を明確にする

例えば，4人のグループで「机の拭き掃除」という役割があったとします。しかし，これだと，「自分はどこの机を拭けばいいのだろう」「どこを拭けば当番が終わるんだろう」という気持ちになり，ついさぼったり，遊んだりしてしまう状況になりやすいのです。拭き掃除を始める前に，話し合って詳しい分担を決めることも，低学年ではなかなか難しいことです。

そこで，班（複数）で分担するにしても，1人1役で分担にするにしても，一人ひとりの役割を明確にした係や当番システムにすることが大切です。

掃き掃除分担例
A…1班2班の場所
　　ちりとり担当
B…3班4班の場所
　　ゴミ捨て担当
C…4班5班の場所
　　掃除箱点検
D…6班7班の場所
　　最終チェック

3 一緒に活動する

さぼったり遊んだりしてしまう子には，それぞれに理由があります。それらの課題について，全体で指導していても，低学年では，なかなか自分事と思えません。

そこで，個別に関わることを大切にします。一緒に活動する中で，あるべき姿を伝えていきます。そして，その子のよさを見つけて，評価します。

（大野　睦仁）

第2章●学級がうまくまわる！ 係活動・当番スキル28

さぼる子，遊ぶ子

「遊ぶ時間ではないです。しっかりやってください！」

係や当番活動が自分たちのためのものであることを意識させるためには，こうした直接的な関わりだけではなく，取り組み方に工夫を加えることが必要です。

やってみたいと思わせる

取り組み方の工夫とは，子どもたちが「やってみたい」「よしやろう」という思いをもてる場をつくることです。係や当番活動は，「やらなければならないこと」ではありますが，それだけのものだと思わせないようにしていきます。

傾向と対策

1 チームで支え合う～グループからチームへ

係も当番も，基本的にグループで取り組みますが，「良い係活動にしたい！良い当番にしたい！」という思いをもった「チーム」という意識をもたせます。チームなら，メンバーはチームメイト。スポーツのチームがチームメイトに声をかけ合う例を出して，活動中に声をかけ合うことを紹介します。「もうすぐ終わる時間だよ。急ごう！」「今遊ぶ時間じゃないよ。頑張ろうよ！」というような具体的な

声かけの例も紹介します。

そして，大事なことは，活動の反省（振り返り）に，「チームメイトとして声かけができたか」という観点を入れておくことです。こうした仲間の存在で，さぼったり遊んだりしてしまう子の意識も変わっていきます。

2 役割分担を工夫する〜自分の役割は大事な役割だ

例えば，当番活動で，「机を拭く役割は掃き掃除が終わってからにする」という分担にします。すると，机を拭く役割の子は，掃き掃除が終わるまで机を拭くことができなくなります。つまり，さぼったり遊んでしまったりして，掃き掃除の役割をしっかり果たさないと，机を拭く役割の子に迷惑がかかってしまいます。

自分の役割は，誰かの役割につながっている。「自分の役割は大事な役だ」という意識を積み重ねていきます。

3 ごっこ的な要素を取り入れる〜遊ぶように活動する

「遊ばないでやろうね」という声かけをするだけではなく，逆に，「当番でも遊んじゃおう！」というような発想でも，時々取り組むようにします。

机拭き掃除当番の子たちを集めます。「今日は，机拭き大作戦を決行する！○○分までに完ぺきに拭き終わる作戦である。そして，本日の隊長は○○に命ずる（さぼりがちな子にします）。さぁ，君たちは，優秀な隊員だ。作戦の成功を祈っている！では作戦開始！」と話をします。遊ぶように活動する姿が見られます。

（大野　睦仁）

安心と興味を生む！
教室環境スキル12

第3章●安心と興味を生む！ 教室環境スキル12

教室に置く文房具

　教師が用意する文房具は，子どもたち一人ひとりが用意したものと合わせて活用することで，子どもたちの学びやすさを保障します。

子どもたちの学習をフォロー

　教室の中では，大人は何とも感じないことでも，子どもたちは困ってしまう場面があります。時には忘れ物だってします。子どもたちの学習を文房具でフォローします。

傾向と対策

1 子どもたちの視覚情報を整える

①木の棒（1m程度）

　黒板脇に保管します。裏側にマグネットシートを貼っておきます。黒板を縦2つ，または3つに仕切って板書するときに，仕切りとして使います。改行が見やすくなり，子どもたちがノートをとりやすくなります。

②ダーマトグラフ

　教師が保管します。ノートに赤鉛筆で上書きしすぎて，字が読めなくなった子に貸します。字が濃くはっきり見えるので，情報を整理できま

す。鉛筆削りがいらないので，授業中に赤鉛筆を折ってしまった子にも有効です。

③絵カード

教科連絡掲示板の近くに保管します。様々な文房具の絵を用意しておきます。工作や調べ物などの学習に入る前に，使ったら良さそうなものを子どもたちと相談しながら考え，絵で示します。

④キッチンタイマー

黒板に貼り付けて保管します。活動時間の残りが目に見えるようにして，見通しをもたせます。

2 子どもたちの円滑な学習を保障する

①筆箱の中身セット

教卓に保管します。鉛筆・赤鉛筆・消しゴム・15cm定規のセットです。筆箱を忘れた子に貸し出します。返すときには鉛筆を削って戻そう，と約束をします。

②精密ドライバー

教卓に保管します。メガネやコンパスの関節が緩くなってしまったときに，教師がこれで調整します。

③工作材料入れかご

教室の棚に保管します。工作の材料を家に忘れてきた子，手持ちの材料を使い切ってしまった子が使います。

④ストップウォッチ

教卓に保管します。教師のみにタイムが見えます。教育的配慮をしながらタイムを管理することで，子どもたちの意欲を高めます。

(斎藤　佳太)

第3章●安心と興味を生む！ 教室環境スキル12

教室に置く文房具

学校から配付される教室備品の他にも，教室で使う文房具は多岐にわたります。

教師も子どもも使うものは，使用の際の約束を明確にすることが大切です。

教室に文房具を置く意図

教師も子どもも活用することで，教室を使いやすくすることをねらいます。

教室に持ち込む意図がわからないと活用されず，不要なものが増えて教室環境が雑然としてしまいます。意図を話し，子どもたちと一緒に活用します。

傾向と対策

1 子どもたちと一緒に見やすくする

①棒磁石

黒板の近くに保管します。絵画や絵図を紙に書き終わった子が黒板に貼ります。棒磁石1本で紙を支えることができ，丸磁石より安定します。

②針金＋洗濯ばさみ

教室の壁に平行して針金を張り，洗濯ばさみを付けます。

単元の学習計画や新出漢字，子どもたちの作品などを吊るして掲示するスペースが大幅に増えます。

③**両面クリップ**

教卓に保管します。洗濯ばさみで吊るした掲示物の下に，紙をさらにつなげて掲示します。情報量が一気に増えます。これくらいの高さになると，子どもたちも椅子に上れば届きます。

2 子どもたちと一緒に整頓する

①**Ｂ４サイズバスケット**

教卓近くに並べます。「宿題」「連絡帳」などとラベルで用途を示し，同種類をまとめて提出します。

②**キッチンペーパー**

配膳台に保管します。温食や絵の具の洗い水をこぼしたときに使います。ティッシュでは破れてしまい，雑巾では後で汚れが落ちなくなるような掃除に用います。

（斎藤　佳太）

第3章●安心と興味を生む！ 教室環境スキル12

教室に置く便利グッズ

子どもたちの持ち物や教師が教室に置く文房具。それらを補完するものが「あったらいいな」と感じる道具はありませんか。本書ではそのような道具を「便利グッズ」と位置付けます。

生まれた余裕を子どもたちに

便利グッズは2種類に大別されます。1つは教師が使うもの，もう1つは子どもたちと一緒に使うものです。前者は学級事務を助け，後者は子どもたちの学校生活を助けます。便利グッズの助けによって生まれた余裕を，子どもたちのために費やすために教室に持ち込みます。

傾向と対策

1 学級事務をフォローする

①5mm方眼付き30cm定規

教卓で保管します。表を手書きするときや子どもたちが作図したものをチェックするとき，平行や直角な線を一目で確かめられます。30cmの長さがあれば，A4用紙の縦に1回で線を引き通すことができます。

②引き出し整理かご

教卓の引き出しで使います。鉛筆，黒ペン，赤ペン，消

しゴムのように引き出しの中を区分けして整頓します。教卓の引き出しの中を見た子どもたちは，自分たちのロッカーを整頓することのよさに気付きます。

③大型クリップ

教卓に保管します。テストや作文用紙を束ねるときに使います。40枚程度の紙が挟める大きさです。採点・添削時に紙をめくるたびに整える手間が省け，作業時間が短くなります。

2 ちょっぴり笑顔になる要素を付加する

①指さし棒

黒板脇に保管します。大型テレビや板書の特定箇所を示すときに使います。低学年の子どもたちも楽に指させます。

②パペット

教室の棚で保管します。授業中に特に注目させたい説明で使います。パペットに話させることで，他の説明とは違う印象となって子どもたちの記憶に残ります。

③運動会ＢＧＭ集

ＣＤラジカセの近くで保管します。交流や片付けなどの活動中に使います。「１曲終わるまでに３人と交流しましょう」「この曲が終わるまでに片付けを終えましょう」などと指示すると，活動が盛り上がります。

（斎藤　佳太）

第3章●安心と興味を生む！ 教室環境スキル12

4 教室に置く便利グッズ ソフト編

　休み時間や給食の前後。教室は子どもたちがちょっとした時間にホッとひと息つける場所でありたいと思います。

子どもたちの心を潤す

　授業はフォーマルな場です。時間のけじめをつけ，丁寧な言葉遣いで話させます。授業で頑張った子どもたちの心をグッズが潤します。

傾向と対策

１ 子どもたちの心を潤す

①ござ等を敷いたスペース

　教室の後ろ角に作ります。校内で使われていないござ等を探し，学年団の了承を得て設置します。靴を脱いで輪になり，遊んだりくつろいだりするスペースです。

②絵本コーナー

　①のスペース近くの棚に作ります。学級文庫の絵本をまとめておきます。休み時間等に自由に読むことができます。

③ぬいぐるみ

　①のスペースの近くに置きます。ぬいぐるみの優しい手触りが子どもたちの心をほぐします。

第3章　安心と興味を生む！教室環境スキル12

④元気の出るふりかけ（元実践・仮説実践授業）

　教卓で保管します。百円ショップなどの塩こしょう入れに，おはじきやビー玉を入れ，教師の元気パワーを注入します。保健室から戻ってきた子，保健室に行くほどでないから教室で頑張る！という子にかけます。

⑤ばんそうこう

　教卓に保管します。子どもたちが本当に小さなけがをしたと訴えてきたときに使います。養護教諭や管理職との相談，許可などが必要です。④のふりかけの効果とあわせて，子どもたちの心に元気が戻ります。

2　便利グッズを持ち込む際の留意点

①担任の個人負担はなるべく避ける

　学級費や消耗品費等の予算を使えるか相談したり，校内で余っているものを探したりします。

②教室に持ち込む意図を明確に示す

　何のための便利グッズかを子どもたちに説明して，目的に則ってみんなで活用します。

（斎藤　佳太）

第3章●安心と興味を生む！ 教室環境スキル12

掲示物

　掲示物は，一日の学校生活を機能的にします。また，子どもたちの生活や学習の様子を共有できます。生活や学習への関心や意欲を高める効果も期待されます。

常設的な掲示と特設的な掲示

　掲示物は，時間割・日課表・当番表など日常生活で必要な常設的なものと子どもたちの作品や学習したことを掲示する特設的なものがあります。

傾向と対策

1 常設的な掲示～長く使えて使いやすい掲示～

　常設的な掲示は長く使えるようにするのが望ましいです。また，長く使うので使いやすい掲示物にするように工夫します。

①ラミネート

　日課表など１年間を通して使うものはラミネートしておきます。同じ学校に勤務し続けた場合は，何年も使えるものもあります。学年の先生方で分担しながら作成して時間の効率化を図ることもできます。

②マグネット＆ホワイトボード

　当番表など移動ができる掲示物にしたい場合があります。

第3章 安心と興味を生む！教室環境スキル12

その際は裏面にマグネットを貼り，ホワイトボードを使うことで，子どもたちが動かせるようにもできます。

2 特設的な掲示～変化があり活動の足跡が見える掲示～

特設的な掲示は，変化が必要です。同じものばかり掲示すると，やがて見なくなるからです。また，学級で行ってきた活動の様子が見える掲示物があると，学級の歩み，その学級ならではの取り組みが見えます。

①特設コーナーの設置

学級の壁面の一部に「道徳コーナー」「学活コーナー」「暗唱した詩のコーナー」といったコーナーを設けます。

②学級の歩み

１年間の学級の様子がわかる掲示をしていきます。例えば，毎月，学級全員で写真を撮って掲示したり，行事や学級の活動を写真と言葉で表したりしていきます。

（齋藤　知尋）

第3章●安心と興味を生む！ 教室環境スキル12

6 掲示物

ソフト編

　掲示物が子どもたちにとってよりよいものにならない場合には，2つのパターンが考えられます。1つは，落ち着かなくなるということです。そして，もう1つは掲示物が子どもたちにとって興味関心を示さないものになるということです。

子どもたちにとってよいものにならないもの

　教室前面にある掲示物によって落ち着かなくなり，学習に集中ができない子がいます。張り切って掲示しても，結果的に落ち着かない環境づくりをしてしまうのです。また，掲示物に子どもたちの関わりが少ないと興味関心が薄れ，よりよいものになってきません。

傾向と対策

1 教室前面をシンプルにする

　教室の前面の掲示物を極力少なくします。黒板には掲示物は貼りません。その授業で使うもののみにします。
　前面に掲示するものは，色づかいや大きさにも気をつけます。前面の掲示物をシンプルにしておくことで落ち着かない児童への配慮をします。

2 子どもが知的に活動できる掲示物

①子どもたちが活動できる掲示

　子どもたちが活動できる掲示物を作成します。例えば、登校する前に黒板に問題を貼っておき、登校した子からその問題を解いていきます。漢字や言葉クイズ・計算パズル、なぞなぞなど短時間で解けるものです。

　黒板以外には、ホワイトボードを活用して、教室入口に掲示しておく方法もあります。紙に書いて入口の上部に貼っておくという方法もあります。「九九の６の段を唱えてから教室に入りましょう」「教室に入ったら５人以上の人と挨拶をします」「同じ班の人に『～してくれてありがとう』と言いましょう」というような指令型の掲示でも子どもたちは意欲的に活動します。

②子どもの手による掲示物

　子どもたち自ら掲示に関わらせます。例えば、係活動を生かして特設コーナーや季節物の飾りを作ってもらいます。休み時間に教室で遊ぶことが多い子に折り紙を渡して「一緒に作ってもらえるかな」と声をかけて作ってもらいます。興味を示した子たちも一緒に作ってくれたりもします。友達と一緒に楽しく活動する時間になるとともに、学級づくりに貢献する意識もできます。

　また、掲示物を外す際に子どもたちに手伝ってもらいます。学級への貢献度が増し、子どもとつながる機会にもなります。

（齋藤　知尋）

第3章●安心と興味を生む！ 教室環境スキル12

棚の使い方

教室の棚には，子どものランドセルや絵の具セット，学級活動で使うペンや紙，本や遊び道具など，各学級の実態に応じて様々なものが置かれています。そうした棚の使い方を低学年のうちに身につけると，高学年や中学校へ進んだときに自分で身の回りのものを管理することができます。

棚の用途

教室には，一人ひとりが使う棚とみんなで共有して使う棚があります。棚によって置くものや，約束事は異なります。それらを明確にし，学級全体へ指導することは，子どもたちが棚の使い方を身につける上で大事になります。

傾向と対策

1 一人ひとりが使う棚

ランドセルや「たんけんバッグ」，はさみやのりなどの道具が入った道具箱は，個人の棚に入れて子どもが管理するようにします。

年度初めに，一人ひとりの棚の場所やものの置き方，使い方を伝えます。「たんけんバッグ」の上に道具箱，その上にランドセルを置く，というように子どもたちと一つ一つ確認をしながら一緒に練習します。そして，「自分のものは

第3章 安心と興味を生む! 教室環境スキル12

棚の使い方／ハード編

自分の棚に、自分で整えましょう」という約束を伝えます。

置き方の見本を写真に撮って掲示します。朝や帰りの会に「チェックタイム」を設け、手本と見比べたり、隣の子と確認し合ったりして棚の中を整えます。なかなかできない子、時間のかかる子に対して、担任や周りの子が手伝うことは簡単です。しかし、自分でできるようにするためには、やり遂げるまで待つことも大切です。

2 みんなで使う棚

みんなで使う棚には、ペンや画用紙、忘れてきたときに貸すノートのコピーや裏紙を入れるケースなど、学級の実態に応じて必要なものを置きます。

全体での共通理解を図るために、「ペンはこの棚に置きます」「何かメモするときは、ここの裏紙を使ってもいいですよ」と場所の確認を必ず行います。そして、次のような約束事も伝えます。

・自由に使ってもいいけれど、丁寧に使う
・使ったら元の場所に戻す
・なくなったものや少なくなったものは担任に知らせる

など

みんなが使うものですので、次に使う人への思いやりをもたせたいものです。また、一言断ってから使うという約束も、担任の管理上大事なことです。　　　　（加藤　慈子）

第3章●安心と興味を生む! 教室環境スキル12

棚の使い方

　子どもたち自身が約束を守り，みんなで使いやすい棚に整えていくことは，快適な教室環境を作る上で欠かせません。そこへ，担任が少しの配慮を加えることで，子どもにとってより使いやすい棚になります。

子どもの目線に立つ

　設置されている棚の高さや，仕切りの数，幅などは各学校によって異なります。ですから，赴任した学校の教室環境に応じて使い方を変える必要があります。その際，何をどこに，どのように置くことが子どもにとって使いやすいのか，子どもの目線に立った配慮をします。

傾向と対策

1 高さへの配慮

　学年が下であればあるほど，子どもにとって見える範囲は狭まります。また，手の届く高さも異なります。個人で使うものは，その子が整理しやすい場所に置くなど，子どもの目の高さ，背の高さに配慮します。

2 分けるという配慮

　棚にものを置くときには，子どもが取りに行くことも考えます。鍵盤ハーモニカを使うとき，全員が同じ場所に置

いていたらどうでしょう。取りに行くときに混雑し、子どもたちの中に不必要な言い合いを生み出してしまいます。対策として、例えば、紅白の組分けで置き場所を変えます。赤組は左側に、白組は右側にと分けて棚に置きます。そうすると、「赤組さんから取りに行きましょう」と、指示も出しやすく、短時間で道具を準備することができます。

3 見てわかる配慮

何がどこに置いてあるかが見て確認できるように、ラベリングをします。担任に聞かなくても、必要なものを自分で準備したり片付けたりできるようになります。

4 「気になる」への配慮

棚にあるものが気になり、学習に集中できない子どもがいます。子どもの視界に入らないように配置したり、布を貼って隠したりという工夫も必要です。

5 揃えるという配慮

「たんけんバッグ」や道具箱の置き方を説明するときに、配慮が必要な子どももいます。担任が例示する道具や、隣の子どもの持っている道具が自分のものと違うと、どうしてよいかわからなくなってしまうのです。そうした事態を避けるためには、可能であれば、共通で使うものは新1年生の道具として入学当初に揃えることが望ましいです。それが難しい場合ももちろんあります。そのときは、「これは道具箱と呼ぶよ」と、それぞれの持ち物に共通の呼び名を付け、置き方を確認していきます。

（加藤　慈子）

第3章●安心と興味を生む！ 教室環境スキル12

学級文庫

子どもたちが本と出合うきっかけは様々です。その一つに学級文庫があります。しかし，教室の片隅に無造作に本を置くだけでは，子どもたちが本を手に取るまでには至りません。

学級文庫の目的

学級文庫の目的は，読書が好きな子も，家庭で本に触れる機会の少ない子も，様々な環境の子どもたちが気軽に読書に親しめるようにすることです。

そのためには，いつでも誰でも利用できるような手立てが必要です。

傾向と対策

1 「誰でも」に対応する

①様々なジャンルの本を用意する

ある程度読書経験のある子には，好きな作家の作品を何冊か，シリーズ本を何冊か用意しておきます。あまり読書経験のない子には，短めの絵本，言葉のない絵本，図鑑，写真集などを用意します。幅広いジャンルを揃えることで，子どもたちの個人差に対応することができます。

②団体貸し出しを利用する

　もし，学校図書館の蔵書だけで不足する場合は，市の図書館で「団体貸し出し」というシステムを利用する方法があります。数十冊まとめて借りることができる図書館もあります。図書館司書にリストを作っていただいたり，セット貸し出しを利用したりすることで，さらに様々なジャンルの本を集めることができます。

2 「いつでも」に対応する

①持ち出しのルール

　読みかけの本は，机の中ではなくロッカーで保管させます。学用品と混ざって紛失してしまうのを防ぐためです。そして読み終えたら必ず元の場所に戻すことをルールとします。希望があれば貸し出しも認めます。貸し出しノートを用意し，誰が何をいつ借りているかがわかるようにします。貸し出し時には，いつ返すかがわかるようにメモを渡します。学級通信や学級懇談で保護者にも伝え，ご協力をお願いしておきます。

②破損時のルール

　本に破損があれば，読みたいときに読めなくなってしまいます。ですから，まずは破損しないめくり方や扱い方を教えます。手にものを持たず，やさしくそうっとめくるのが基本です。また，破損したときや破損を見つけたときには自分で処理せず，必ず教師に報告に来させます。学校司書教諭に「直していただけますか？」と一緒に伝えに行くことも大事です。

（米村　直子）

第3章●安心と興味を生む！ 教室環境スキル12

10 学級文庫

ソフト編

　子どもたちが学級文庫を活用するようになるためには，環境を整えるだけでは十分ではありません。「本って面白い！」と子どもたちが実感できる工夫が必要です。

学級図書を遊びの選択肢の一つにする

　休み時間は，子どもたちが運動をしたり，お絵かきをしたりして自由に過ごせる時間です。休み時間の過ごし方の一つとして読書も選択できるように，教師と子どもが一緒に楽しめる場づくりをします。

傾向と対策

1 読書を一緒に楽しむ

①教師と一緒に楽しむ

　学級文庫の中から本を選び，子どもたちに読み聞かせをします。授業の合間や朝読書などの時間に，5分間程度行います。登場人物に関するクイズを出したり，似顔絵を描いたりして教師も一緒に楽しむことで，読書の魅力がより一層伝わります。

②保護者と一緒に楽しむ

　学級通信で学級文庫の話題に触れます。人気のある本を紹介すると，保護者が興味をもってくださることがありま

す。家庭での話題が契機となり，読書経験の少ない子も本を読んでみようと思うかも知れません。家族で同じ本を読む楽しさを共有することが，本を好きになるきっかけにもなります。

2 子どもと一緒につくる

①子どもたちと一緒に整理する

本は，子どもたちが手にしやすい高さに置きます。「絵本」「図鑑」などのジャンルごとに本立ての色を変えると，本を整理しやすくなります。色を目印にして，自分たちで元の場所に戻すことができるようになるだけでなく，本を選びやすくなるという利点も生まれます。

②子どもたちと一緒に学級文庫コーナーをつくる

8 cm×5 cmほどに切った画用紙に本のおすすめポイントを書きます。3つ折りにして本の前に立て，ポップとして使用します。子どもたちも気軽に書けるように，あらかじめ多めに用紙を置いておきます。

また，季節のコーナーを設置することで，同じテーマの本を読む楽しみを味わわせることもできます。例えば2月であれば，鬼が出てくる本と一緒に鬼のお面などを置きます。折り紙の本を見ながら子どもと一緒に鬼のお面を折るのも，楽しくて豊かな時間です。

（米村　直子）

第3章●安心と興味を生む！ 教室環境スキル12
風邪流行対策

　触れ合いの度合いが比較的高い低学年においては，一人が風邪にかかると，友達にうつる危険度が高まりやすいものです。教室においては，そのための対策が重要です。

身につけたい衛生スキル

①うがい・手洗い等の予防スキル
②咳・くしゃみの仕方，鼻のかみ方等の感染防止スキル
③体調不良を確実に伝えられる等の伝達スキル

傾向と対策

1 知識として伝え，できるようにする

　学級活動で，方法について全体指導をします。

　うがいであれば，まず，口を水ですすいで，口内の細菌や食べかす等を流し，その後，「おー」と発声しながら15秒程度行わせます。手洗いであれば，掌，手の甲，指の間，爪の間，手首を洗い，きれいなハンカチで拭かせます。これらは，定着に向け，水飲み場に掲示物を貼ると効果的です。うがい用は天井に，手洗い用は正面が良いです。

　咳やくしゃみであれば，必ず鼻・口をハンカチで覆わせます。とっさの場合は，腕の肘部分の袖を口元に当てさせます。手は，その後に触った箇所からの感染もあるので，

させない方が望ましいですが，もし手で覆った場合は，すぐに手洗いをするという約束が必要です。

　鼻であれば，片方ずつ，やさしく小刻みにかませます。ポケットティッシュを広げ，半分に折りたたむ方法や片方ずつ鼻息を出せるかの確認も行うと良いです。

　体調不良であれば，頭痛や寒気，腹痛を感じたら，先生に伝えるように指導します。友達の異変に気付いたときも同様に伝えるという約束にすると良いです。

② 保護者と連携する

　子どもたちへの指導には，家庭でものを用意していただくことが必要になります。ハンカチ・ティッシュの常時携行，咳・くしゃみが激しいときには，マスクの着用があります。鼻水が激しいときには，箱ティッシュと授業中に鼻をかんだときに一時ゴミを入れておくためのビニール袋の準備もお願いすると良いです。衛生スキルを身につけるために，家庭でも同一歩調でともに取り組んでいただくお願いを添えて，学級通信や学級懇談等で呼びかけていくことが大切です。

（太田　充紀）

第3章●安心と興味を生む！ 教室環境スキル12
風邪流行対策

　大切なこととはいえ，同じことを繰り返していると，だんだんと気持ちが緩んでくるものです。そこにちょっと工夫をすることで，子どもたちのやる気がアップします。

自分たちがしたいこと，自分たちができること

　ちょっとの工夫で「まっ，いっか」と思っていた気持ちが「やってみたい」に変わります。自分たちが取り組んだ効果を実感すると，もっとやってみたくなります。少しの遊び心をもって，できることを考えてみましょう。

傾向と対策

1 気持ちが緩む子に焦点を当てる

　手洗い・うがいに継続的に取り組んでいる子を学級の中で褒めることは，とても大切なことです。ですが，それになかなかのってこない子も中にはいます。手洗い・うがいに行くときには，仲の良い友達や同じ班の友達と行かせるようにします。手洗い・うがいをしていることを互いにチェックし合えます。また，うがいをするときに鼻歌ならぬ「うがい歌」を友達と合わせながら歌うようにさせます。15秒程度だと「ぞうさん」がぴったりです。ただ，うがいしながら歌い合うだけですが，子どもたちは楽しんでう

がいをします。その楽しむ姿が、みんなにも広まると学級全体の予防意識向上につなげることもできます。

2 自分たちで活動し、効果を実感させる

　教室環境においては、換気と加湿が大切なポイントになります。特に加湿は、自分たちで活動し、その効果を実感しやすいので、衛生意識を高めやすいです。

　まず、教室に霧吹きを用意します。数は、児童の３〜５割程度が良いです。これで、教室のカーテンに水を吹きかけます。最初は、教師自ら「これで空気に水がいっぱい入って、風邪にかかりにくくなるんだよねぇ」などと言いながら吹きかけます。やってみたい子にどんどんさせます。楽しい活動なので、子どもたちは喜んで吹きかけます。

　次に、湿度計を用意し、その数値を知らせます。１時間の勉強が終わるとほぼ乾くので、休み時間ごとに交代でさせながら、湿度を知らせます。加湿前後の変化とともに活動への感謝の言葉を伝えることが大切です。子どもたちが自分のこととして活動するようになります。

（太田　充紀）

あ と が き

　低学年のプロ，と称される先生方がいます。その先生のクラスの子たちはみんなにこにことし，クラスのまとまりもあります。教師不在時でも，普段と変わりなく生活しています。低学年なのに，一体どうしたらこんなふうになるんだろう……。こうした先生方に共通した教え方があります。それは「手で教える」ことです。

　高学年であれば，「姿勢を正しなさい」と言うだけで伝わります。ところが，低学年に同様の指示を出しても２，３割にしか伝わりません。なぜなら低学年は，「姿勢」という言葉を知らないからです。「正す」とはどういうことなのかを知らないからです。

　しかし，教師が手でさすりながらおなかを伸ばすジェスチャーを付け加えれば，低学年にも「姿勢を正すというのは，おなかを伸ばすことなんだな」と理解することができます。言葉だけでは伝わらないものも，手を添えることによって理解を促すことができるのです。実はここに，もう１つ指導の技があります。お気付きでしょうか。それは，「背中」ではなく「おなか」を意識させたということです。

　「姿勢を正す」とは，背筋を伸ばすことを指します。文字通りにジェスチャーで表すなら，背中に手をやって伸ばす動作をするでしょう。しかし，背中は自分からは見えない場所です。見えないものを想像するのは，低学年にとっては難しいことです。しかし，おなかなら自分で見ること

あとがき

ができ，手で確認することもできます。ですから姿勢を正すには，何度も「背筋を伸ばしなさい」と言うより，おなかを伸ばす意識をもたせる指導が有効なのです。

　こう考えると，「手で教える」とは，むやみにがみがみ言わないことでもあることがわかります。とはいえ，低学年は，学校生活の基盤づくりの時期。大人にとってできて当たり前のことを，一から教えなくてはなりません。教えるべきことがたくさんあるから，どうしても言葉が多くなってしまうというのも現状ではないでしょうか。

　本書には，「手で教える」的な視点で整理した指導スキルを多数記しました。「できて当たり前」のことができるようになるまでのステップを丁寧に掘り起こしました。どれも入門期における必要かつ有効な指導です。どうぞお手元に置き，繰り返しお読みいただければと思います。

　今回，堀裕嗣先生よりお声がけいただき，本書を編集させていただくという望外の機会をいただきました。北海道の仲間とともに本書をまとめることができたことも大変嬉しく思います。心より感謝申し上げます。

　また，本書を発刊するにあたって，明治図書の及川誠さん，姉川直保子さんに大変お世話になりました。ありがとうございました。

　本書をお読みくださった先生と，その教室の子どもたちの幸せにつながることを願って。
　平成29年2月4日　深縹色の夜空に舞う雪を眺めながら

　　　　　　　　　　　　　　　　　　　　宇野　弘恵

【執筆者一覧】

堀	裕嗣	北海道札幌市立幌東中学校
宇野	弘恵	北海道旭川市立啓明小学校
鹿野	哲子	北海道長沼町立南長沼小学校
新川	宏子	北海道鹿追町立笹川小学校
梅田	悦子	北海道美唄市立東小学校
小野	雅代	北海道網走市立白鳥台小学校
太田	充紀	北海道美瑛町立美瑛小学校
福川	洋枝	北海道名寄市立名寄東小学校
藤原	友和	北海道函館市立万年橋小学校
山河	愛	北海道中札内村立中札内小学校
加藤	慈子	元・北海道函館市立北昭和小学校
辻村	佳子	北海道斜里町立朝日小学校
中島	愛	北海道厚岸町立厚岸小学校
齋藤	知尋	北海道旭川市立愛宕東小学校
増澤	友志	北海道札幌市立美園小学校
高橋	正一	北海道利尻町立沓形小学校
大野	睦仁	北海道札幌市立三里塚小学校
斎藤	佳太	北海道苫小牧市立美園小学校
米村	直子	北海道網走市立白鳥台小学校

【編著者紹介】

堀　裕嗣（ほり　ひろつぐ）
1966年北海道湧別町生。北海道教育大学札幌校・岩見沢校修士課程国語教育専修修了。1991年札幌市中学校教員として採用。1992年「研究集団ことのは」設立。『スペシャリスト直伝！教師力アップ成功の極意』『【資料増補版】必ず成功する「学級開き」魔法の90日間システム』（以上，明治図書）など著書・編著多数。

宇野　弘恵（うの　ひろえ）
1969年，北海道生まれ。旭川市内小学校教諭。2002年より教育研修サークル・北の教育文化フェスティバル会員。現在，理事を務める。『学級を最高のチームにする！　365日の集団づくり２年』，『スペシャリスト直伝！　小１担任の指導の極意』（以上，明治図書）の他，共著多数。

イラスト：木村　美穂

小学校低学年　学級経営すきまスキル70

2017年９月初版第１刷刊	ⓒ編著者　堀　　　裕　嗣
	宇　野　弘　恵
	発行者　藤　原　光　政
	発行所　明治図書出版株式会社
	http://www.meijitosho.co.jp
	（企画）及川　誠（校正）姉川直保子
	〒114-0023　東京都北区滝野川7-46-1
	振替00160-5-151318　電話03(5907)6704
	ご注文窓口　電話03(5907)6668
＊検印省略	組版所　株式会社アイデスク

本書の無断コピーは，著作権・出版権にふれます。ご注意ください。

Printed in Japan　　ISBN978-4-18-275110-3
もれなくクーポンがもらえる！読者アンケートはこちらから →

子どもを軸にした カリキュラム・マネジメント
教科をつなぐ『学び合い』アクティブ・ラーニング

西川 純 編著

中央教育審議会答申
全文と読み解き解説

大杉昭英 解説

各教科の授業づくりで実現するカリキュラム・マネジメント

「教科の枠組みを越えた力」はどうつける？カリキュラム・マネジメントで目指す力は、教科をつなぐ『学び合い』アクティブ・ラーニングで実現出来る！教科を横断した力をつける各教科の授業づくりについて、子どもを軸にしたカリキュラム・マネジメントの視点から解説。

Ａ５判　168頁
本体1,860円+税
図書番号2719

全文&全資料収録！答申のポイント&キーワードを徹底解説

全管理職必携！
全図版・全資料を収録した、新学習指導要領のポイントがまるわかりの1冊です。

平成28年版「中央教育審議会答申」全文&全資料に加え、読み解くポイントを、国立教育政策研究所・初等中等教育部長の大杉昭英先生が徹底解説。「カリキュラム・マネジメント」「主体的・対話的で深い学び」「見方・考え方」など、キーワード解説も入れた必携の1冊。

Ｂ５判　456頁
本体2,500円+税
図書番号1366

スペシャリスト直伝！
中学校国語科授業 成功の極意

池田 修 著

国語科を実技教科に！アクティブな授業づくりのポイント

「国語科を実技教科に！」アクティブな国語授業づくりのノウハウを授業実践とともに豊富に紹介。授業づくりの基礎基本から、生徒を熱中させる教材づくりのポイントや仕掛け、「ディベート」「作文」「物語の読解」「スピーチ」等の授業モデルまでをわかりやすく解説。

Ａ５判　168頁
本体2,000円+税
図書番号1342

THE教師力ハンドブック
自治的集団づくり入門

松下 崇 著

子どもに力をつけるチャンスは常にある！実践ナビゲート

子どもたちに「自ら考え、行動する力」を。上手くいかないのは、知らないうちに「教師の意のままに動く」ことを良しとしているからなのかもしれません。自治的集団づくりでは、教師は子どもたちの何を見取り、評価するのか？すぐに使える実践例と指導のポイントが満載！

四六判　144頁
本体1,600円+税
図書番号1447

明治図書　携帯・スマートフォンからは **明治図書ONLINE へ** 書籍の検索、注文ができます。▶▶▶

http://www.meijitosho.co.jp　＊併記4桁の図書番号（英数字）でHP、携帯での検索・注文が簡単に行えます。

〒114-0023　東京都北区滝野川7-46-1　ご注文窓口　TEL 03-5907-6668　FAX 050-3156-2790

学級を最高のチームにする！
365日の集団づくり 小学／中学／高校

赤坂真二 編著

学級づくりの必読書

【図書番号・2501〜2506,2740〜2743】
A5判 144〜176頁
本体価格1,600円〜1,760円＋税

★発達段階に応じた学級づくりの秘訣を,具体的な活動で紹介。
★「学級づくりチェックリスト」で学級の状態をチェック!
★学級づくりで陥りがちな落とし穴と克服の方法も網羅。

365日で学級を最高のチームにする！目指す学級を実現する月ごとの学級づくりの極意。スタートを3月とし，まず学級づくりのゴールイメージを示して，それを実現するための2か月ごとに分けた5期の取り組みをまとめました。1年間の学級経営をサポートする,必携の1冊です。

授業をアクティブにする！
365日の工夫 1年から6年

赤坂真二 編著

授業づくりの必読書

【図書番号・2721〜2726】
A5判 136〜176頁
本体価格1,660円〜1,800円＋税

★主体的・対話的で深い学びを実践ナビゲート！いつでも始められる学期ごとの授業モデル。
★教師と子どもの会話形式で,「授業の流れ」がライブでわかる！
★「授業をアクティブにするチェックポイント」で,要点がまるわかり。

小学校の各学年で実現する「アクティブな授業づくり」を，1学期ごと，各教科別の豊富な授業モデルで収録。教師と子どもの会話形式で「授業の流れ」がライブでわかり,「授業をアクティブにするチェックポイント」で要点チェック。主体的・対話的で深い学びを実践ナビゲート！

明治図書 携帯・スマートフォンからは **明治図書ONLINE へ** 書籍の検索、注文ができます。▶▶▶
http://www.meijitosho.co.jp　*併記4桁の図書番号（英数字）でHP、携帯での検索・注文が簡単に行えます。
〒114-0023　東京都北区滝野川7-46-1　ご注文窓口　TEL 03-5907-6668　FAX 050-3156-2790

学級を最高のチームにする極意
クラスがまとまる！
協働力を高める活動づくり
小学校編 **中学校編** 赤坂 真二 編著

対話と協働で力をつける！アクティブな活動づくりの秘訣

「よい授業」をしている先生は、「よい学級」を作っています。魅力的な学びある授業の土台には、「対話と協働」が自然に出来るクラスづくりが不可欠。子どもが変わる！クラスが変わる！アクティブな活動づくりの秘訣を、豊富な実践モデルで紹介しました。

小学校編
A5判 144頁 本体 1,660円+税
図書番号 2554

中学校編
A5判 152頁 本体 1,700円+税
図書番号 2555

学級を最高のチームにする極意
教室がアクティブになる
学級システム
赤坂 真二 編著

子どもが見違えるように変わる！学級システムづくりの極意

「機能するクラス」には、子ども達が自ら動き、円滑な生活を送れるシステムがある！日直や給食、清掃などの当番活動、係活動・行事活動など普段の活動にも認め合うことや交流を促すためのシステムを加えることで学級は劇的に変わります。アクティブな学級づくりの秘訣。

A5判 184頁
本体価格 1,860円+税
図書番号 2588

学級を最高のチームにする極意
保護者を味方にする
教師の心得
赤坂 真二 編著

保護者とのよい関係づくりが学級と子どもを育てる！

子どもや保護者との関係だけでなく、同僚や上司との関係に悩む先生方が増えてきました。そのような先生方へのアドバイスを①同僚とうまくやるコツ②合わない人とうまくやるコツ③初任者のためのサバイバルテクニックの視点から、具体的な実践事例をもとにまとめました。

A5判 144頁
本体価格 1,660円+税
図書番号 1537

学級を最高のチームにする極意
職員室の関係づくりサバイバル
うまくやるコツ20選
赤坂 真二 編著

職員室の人間関係20箇条！味方を増やす関係づくりの秘訣

子どもや保護者との関係だけでなく、同僚や上司との関係に悩む先生方が増えてきました。そのような先生方へのアドバイスを①同僚とうまくやるコツ②合わない人とうまくやるコツ③初任者のためのサバイバルテクニックの視点から、具体的な実践事例をもとにまとめました。

A5判 192頁
本体価格 1,860円+税
図書番号 1527

明治図書　携帯・スマートフォンからは **明治図書ONLINE** へ　書籍の検索、注文ができます。　▶▶▶

http://www.meijitosho.co.jp　＊併記4桁の図書番号（英数字）でHP、携帯での検索・注文が簡単に行えます。

〒114-0023　東京都北区滝野川7-46-1　ご注文窓口　TEL 03-5907-6668　FAX 050-3156-2790

全文掲載＆各教科のキーマンのピンポイント解説！

平成29年版
学習指導要領
全文と改訂のピンポイント解説

資質・能力を核にした大改訂の学習指導要領を最速で徹底解説！

【小学校】
- 編 安彦忠彦
- 1800円＋税
- 図書番号：2727
- Ａ５判・288頁

【中学校】
- 編 大杉昭英
- 1800円＋税
- 図書番号：2728
- Ａ５判・272頁

〔知識及び技能〕〔思考力，判断力，表現力等〕〔学びに向かう力，人間性等〕の3つの柱で再整理された大改訂の新学習指導要領について，各教科・領域のキーマンが徹底解説！全文掲載＆各教科のピンポイント解説で，新しい学習指導要領がまるわかりの1冊です。

平成29年版 学習指導要領改訂のポイント

- 『国語教育』PLUS
  ▶ 小学校・中学校　**国語**
  - 2717
  - Ｂ５判・1800円＋税

- 『社会科教育』PLUS
  ▶ 小学校・中学校　**社会**
  - 2716
  - Ｂ５判・1860円＋税

- 『授業力＆学級経営力』PLUS
  ▶ 小学校　**算数**
  - 2713
  - Ｂ５判・1900円＋税

- 『数学教育』PLUS
  ▶ 中学校　**数学**
  - 2712
  - Ｂ５判・1800円＋税

- 『道徳教育』PLUS
  ▶ 小学校・中学校　**特別の教科　道徳**
  - 2720
  - Ｂ５判・1860円＋税

- 『楽しい体育の授業』PLUS
  ▶ 小学校・中学校　**体育・保健体育**
  - 2715
  - Ｂ５判・1860円＋税

- 『LD, ADHD＆ASD』PLUS
  ▶ **通常の学級の特別支援教育**
  - 2714
  - Ｂ５判・1960円＋税

- 『特別支援教育の実践情報』PLUS
  ▶ **特別支援学校**
  - 2707
  - Ｂ５判・2460円＋税

明治図書　携帯・スマートフォンからは　**明治図書ONLINE**へ　書籍の検索，注文ができます。

http://www.meijitosho.co.jp　＊併記4桁の図書番号（英数字）でHP，携帯での検索・注文が簡単に行えます。

〒114-0023　東京都北区滝野川7-46-1　ご注文窓口　TEL 03-5907-6668　FAX 050-3156-2790

全校『学び合い』で実現する カリキュラム・マネジメント

今すぐ出来る!

西川 純 著

子ども・教師がこんなに変わる!学年・教科の壁を越えた全校『学び合い』で実現するカリキュラム・マネジメント。全校『学び合い』の理論から実現のための4条件、スムーズな導入ステップから子ども集団づくりまで。取り組みのポイントを実践例をまじえてまとめました。

A5判 168頁
本体 1,900円+税
図書番号 1283

スペシャリスト直伝! 主体性とやる気を引き出す 学級づくりの極意

赤坂真二 著

「主体性」と「やる気」を引き出すために、日常的に取り組むべきこととは?おさえておきたい学級づくりの基盤となる2つの要素と育成の3段階。学級づくりの基礎・基本から教師のリーダーシップ改革、学級機能アップチェックポイントまで。指導力UPに必携の1冊です。

A5判 152頁
本体 1,760円+税
図書番号 1328

「感動のドラマ」を生む 学級づくりの原則

岸本勝義 著

「感動のドラマ」はどの学級にでも起こせる!「人とつながる素晴らしさ」「自分の力を他に生かす喜び」「協働」の経験は、卒業後も子供達の力となります。実際に起こったドラマの実例と、裏側にある教師の工夫を豊富に入れてまとめた「ドラマ」を生む学級づくりの秘訣。

A5判 136頁
本体 1,600円+税
図書番号 1295

資料増補版 必ず成功する「学級開き」 魔法の90日間システム

堀 裕嗣 著

学級経営の成否が決まる、学級開きからの大切な90日間。「3・7・30・90の法則」で学級経営が必ず成功する"魔法の90日間システム"を、具体的な実践事例をもとに解説しました。2012年発刊の書籍に理論と実物資料を加えて内容に厚みを増した増補版です。

A5判 168頁
本体 1,700円+税
図書番号 1556

明治図書　携帯・スマートフォンからは **明治図書ONLINE へ** 書籍の検索、注文ができます。▶▶▶

http://www.meijitosho.co.jp　＊併記4桁の図書番号(英数字)でHP、携帯での検索・注文が簡単に行えます。

〒114-0023　東京都北区滝野川7-46-1　ご注文窓口　TEL 03-5907-6668　FAX 050-3156-2790